JN034245

権利に基づく闘い

熊本一規 編著

緑風出版

目次

権利に基づく闘い

第Ⅱ部　廃棄物問題……………………61

第2章　築地市場の廃止と営業権・185

特別寄稿

はじめに

「お前たちは赤ちゃんで何もわからないんだから、我々の船に黙って乗っていればいいんだ」。

三十年ほど前、沖縄県石垣島白保の石垣新空港建設反対運動で、地元の住民・漁民に那覇の市民運動家が面と向かってそう言うのを聞いたことがあります。

有明海でも、漁民支援の看板を掲げる運動体を創った市民運動家に、地元漁民への配慮を欠いた運動方針について「そんな方針だと漁民が居なくなるよ」と苦言を呈したところ、「私たちは漁民が居なくなってもいいんです。市民運動ができれば」と言われて唖然としたことがあります。

一九七六年に鹿児島県の志布志湾開発反対の住民運動に関わり始めて以来、私の関わり方は、右に紹介した市民運動家の関わり方とは全く逆に、地元住民・漁民の持つ権利を権利者が自覚し、学習し、権利に基づいて闘えるようにすることをめざしています。埋立に賛成するか、反対するかは、地元住民・漁民が判断することであり、私にできるのは、判断するうえで必要な情報を提供することだと思っているからです。

*

「権利」とは「一定の利益を自己のために主張することができる法律上保障された力」をいいます。そのため、法律には、権利者の意思を尊重する規定が設けられています。それらは、長年の民衆の血と汗によって勝ち取られた成果です。ならば、権利を侵害する事業に対して、それらの規定に依拠し、権利者が自分の持つ権利に基づいて闘うことを柱とする手法が有効ではないか。そう考えて、一九七六年以来、一貫して「権利に基づく闘い」を追究してきました。

一九九九年頃、球磨川の川辺川(かわべがわ)ダム計画では、「国（国交省）が強大で、弱い自分たちは潰されそうになっている」と訴える住民・漁民に対し、「本当は逆で、住民・漁民が強くて国は弱いんです。そこに気づけばダムは止められます」と答えましたが、実際、その後、川漁師組合の設立等によって川辺川ダム建設を止めることができ、さらに荒瀬ダムも撤去させることができました。

二〇〇二年頃、有明海では、漁民が上京して国（農水省）に陳情を重ねていたのに対し、「国にお願いしてきたから負け続けてきたのですよ。お願いしなければならないのは国のほうであり、お願いされた時に『ノー』と言うだけでいいんですよ」と言って、実際、その後、諫早湾で漁業を営む漁民が「ノー」と言うだけで国の導流堤工事を止めることができました。

いずれも、「権利者の権利行使」とそれを支える「事業者との法律論争」という、「権利に基づく闘い」の成果でした。

＊

この間、サポートしてきた運動は、主として埋立・ダム・原発に反対する運動や廃棄物問題に関わる運動ですが、近年では、卸売市場の廃止や都市計画道路に関する運動にも対象が広がってきました。対象が広がったのは、「権利に基づく闘い」の手法が他の分野の事業にも活用できると思われて関わりを依頼されたからです。

本書は、具体的な事例に即して、漁民・住民がどのような権利を行使して闘ってきたか、また権利行使をどのような法律論で支えてきたか、を紹介したものです。

第Ⅰ部第1章「上関(かみのせき)原発と漁業権」では、中国電力の上関原発ボーリング調査を祝島漁民の漁業権（自由漁業の権利）の行使によって止めている実態とともに、その法的根拠をめぐる事業者（中国電力）との論争を紹介しています。

第Ⅱ部第1章「伊万里射撃場の鉛汚染」では、鉛銃弾等の放置に因る汚染を、土地所有権に基づいて廃棄物処理法及び土壌汚染対策法を適用させることをつうじて解決した経緯を紹介しています。

第Ⅱ部第2章「米子市産廃処分場と水利権」では、産廃処分場が長期的には必ず汚染をもたらすことを指摘するとともに、処分場建設を止めるうえで水利権を活用していることを紹介しています。

第Ⅱ部第3章「福島中間貯蔵施設計画と地権者」では、中間貯蔵施設建設に伴う損失補償をめぐって、「公共用地の取得に伴う損失補償基準要綱」を無視して「地上権価格方式」という奇怪な算定方式を主張している国（環境省）と地権者会の論争を紹介しています。

第Ⅲ部第1章「都市計画道路事業と沿道住民の権利」では、七十年以上前に都市計画決定された都市計画事業が事業化されようとしている実態、及びその行政手続が適正手続を欠き、違法であるか否かをめぐる国交省との法律論争を紹介しています。

第Ⅲ部第2章「築地市場の廃止と営業権」では、「築地市場の豊洲移転」に関する三点の違法行為を指摘するとともに、東京都の違法行為に対する営業権に基づく取組み、及びその法的根拠をめぐる東京都との論争を紹介しています。また、「築地市場の豊洲移転」問題に真摯かつ熱心に取り組まれた水谷和子・菅原邦昭両氏の特別寄稿も掲載させていただきました。

＊

日本では、「権利に基づく闘い」は稀有な事例です。

その要因は種々あるでしょうが、要因の一つは、いわゆる革新運動の前衛思想にあるように思われます。前衛思想によれば、当の権利者たちはリーダーによる指導の対象とされるだけで、運動は、結局、リーダーやその所属する党派・団体の手柄や点数稼ぎに利用されて終わることになります。

もう一つの要因は、法廷での争いを柱とすることです。導流堤工事を止めた諫早湾の漁民、松永秀則氏からその後も法律相談を受けますが、なぜ弁護士に相談しないか、と尋ねたところ、「弁護士は法廷で争うことを考える」が、私に聞けば、「自分たちの取組みで闘える法律論を教えてくれる」との回答を得て納得がいきました。「権利に基づく闘い」と「法廷内での争い」とは基本的に性質を異にするのであり、裁判所が権力に忖度し、おもねて、三権分立がまともに機能していない日本にあっては、できるだけ裁判を回避することが権力に勝つ秘訣でもあるのです。

本書が、日本で「権利に基づく闘い」が拡がるうえで貢献できることがあるとすれば、筆者の喜び、これに勝るものはありません。

第Ⅰ部 漁業権

第1章　上関原発と漁業権

問題の概要

上関（かみのせき）原発は、中国電力（以下、「中電」という）が山口県上関町田ノ浦に建設を計画している原発です。

上関原発計画が浮上したのは一九八二年のことですが、以来約四十年も経つのに未だに着工されていません。着工を止め続けている最大の力は、原発建設予定地から約四㎞の位置にある祝島の漁民が漁業補償を受け取っていない点にあります。

中電は、祝島漁協を含む八漁協から構成されていた共同漁業権管理委員会[注1]と交わした補償契約（二〇〇〇年四月二七日）に基づき上関原発に伴う漁業補償金を支払いましたが、七漁協は配分額を受け取ったものの祝島漁協は受け取りを拒んだため、祝島漁協の組合員にはまだ補償がなされていないのです。

図Ⅰ1-1　上関原発予定地と祝島

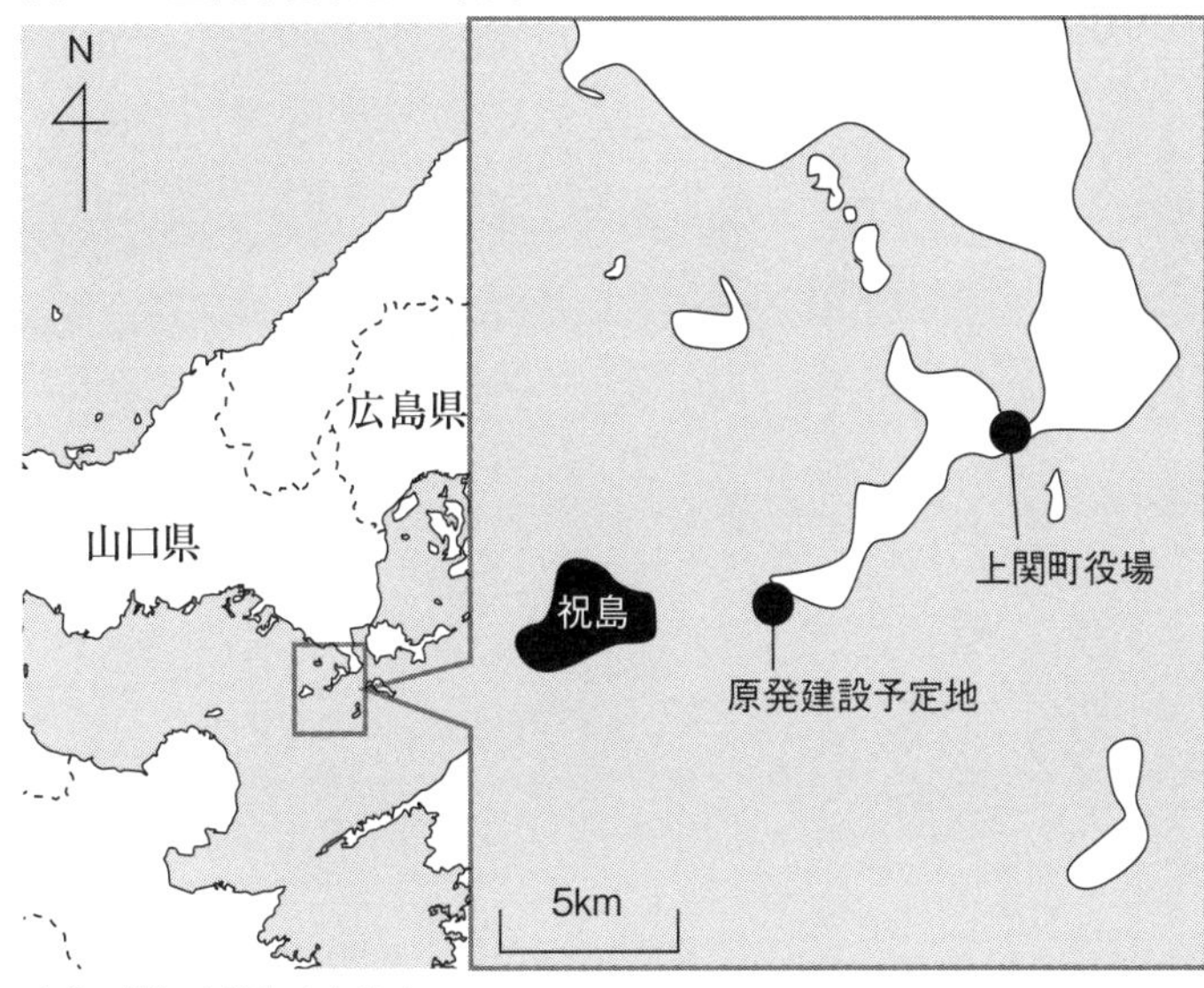

出典：『朝日新聞』より作成

祝島漁協はその後山口県漁協に合併され、旧祝島漁協は山口県漁協祝島支店になりました。そのため、祝島漁民への補償金約一〇億八〇〇〇万円は、共同漁業権管理委員会を経て、現在、山口県漁協が預かっていますが、この間、山口県漁協はそれを祝島支店に渡そうと画策しています。祝島支店に「補償金受領」の部会決議を挙げさせて、それを根拠に祝島支店に補償金を渡そうとしているのです。二〇一八年三月二七日にも山口県漁協は祝島支店の部会決議を挙げさせようとしましたが、否決されまし

注1　八漁協は当時の第一〇七号共同漁業権を共有していた。

た。

中電は、二〇一一年福島原発事故以来、動きを控えていましたが、二〇一九年一一月～一二月、二〇二〇年一一月～一二月、二〇二一年六月～七月の三度にわたり、原発予定海域でボーリング調査を実施しようともくろみました。

しかし、当該海域で祝島漁民が釣り漁業を営んでいるため、いまだに実施できないでいます。中電が祝島漁民の船を回って「調査に協力してください」と頭を下げて依頼するのですが、ことごとく断られて調査できずに帰ることを繰り返しています。

私見

1　なぜ漁業補償が必要なのか

水面で埋立等が実施される場合、漁業補償が支払われることは誰もが知っています。

しかし、そもそもなぜ漁業補償が必要なのでしょうか。

憲法二十九条一項は、「財産権は、これを侵してはならない」と規定しています。したがって、事業者が財産権[注2]を侵害する事業を財産権者の同意を得ることなく進めれば、憲法二十九条一項違反になり、不法行為になります。

憲法二十九条三項は、「私有財産は、正当な補償の下に、これを公共のために用ひることができる」と規定しています。したがって、公共事業・公益事業を実施する際に財産権を侵害するには損失補償が必要になります。

漁業権は「漁業を営む権利」であり、生活に密着した経済的権利ですから、財産権にあたります。漁業補償は、埋立等の事業により漁業権という財産権が侵害され損害が生じるために、損害を受ける者に予め支払われる補償です。補償を支払うことなく事業を実施して損害が生じたら、その事業は不法行為になってしまいますので、予め「事業を認めてもらう代わりに補償を支払う」という内容の補償契約を交わしたうえで事業に取り掛かるようにするのです。

予め補償を支払ったうえで事業に取り掛かれば、事業は不法行為でなく適法行為になります。不法行為に伴う損害の補塡は「損害賠償」になりますが、適法行為に伴う補償は「損失補償」になります。すなわち、漁業補償は、事業を適法行為にするために支払われる損失補償なのです。

2　許可漁業・自由漁業は慣習に基づいて権利になる

一般に、漁業は、免許を受ける「漁業権漁業」と許可を受ける「許可漁業」、及び免許も許可も不要な「自由漁業」に分類されます。漁業権漁業には、共同漁業、定置漁業、区画漁業の

注2　生活に密着した経済的権利。

表Ⅰ1-1　一般的な漁業分類

		免許・許可の必要性	権利性
漁業権漁業	共同漁業	免許を受ける	免許に基づいて権利になる
	定置漁業	免許を受ける	免許に基づいて権利になる
	区画漁業	免許を受ける	免許に基づいて権利になる
許可漁業		許可を受ける	慣習に基づいて権利になる
自由漁業		免許も許可も不要	慣習に基づいて権利になる

三種類があります。[注3]

「免許」とは「設権（権利の設定）行為」ですから、漁業権漁業は、免許に基づいて「権利」になります。漁業法にも「漁業権は、物権とみな」す（七十七条）と規定されており、物権は財産権ですから、漁業権漁業の権利が財産権であることに疑いの余地はありません。

では、「許可漁業・自由漁業の権利」は、侵害される際に補償が必要な権利（財産権）にあたるのでしょうか。

「許可」とは法的には「禁止の解除」を意味しますから、許可によって許可漁業が「権利」になることはありません。ましてや、自由漁業は、免許も許可も無しに営めますから、許可漁業や自由漁業は、始めた当初は「権利」でなく、単なる「利益」にすぎません。

では、なぜ許可漁業や自由漁業が権利になるのか、といいますと、「慣習（実態の積み重ね）」によって権利になるのです。

公共事業・公益事業のすべてに適用される適正かつ統一的な損失補償基準として昭和三七年に閣議決定された「公共用地の取得に伴う損失補償基準要綱[注4]」（以下、「要綱」という）の第二条第五項は「この要綱において『権利』とは、社会通念上権利と認められる程度にまで成熟した慣習上の利益を含むものとする」と規定していますが、この規定について、『公共用地の取得に伴う損失補償基準要綱の解説』は、「適例としては、入会権、慣行水利権、許可漁業あるいは自由漁業を営む実態が漁業権と同程度の地位を有する権利と認められるもの等がある」と解説しています。始めた当初は利益に過ぎませんが、続けるうちに次第に成熟して権利になるということです。

要するに、免許を受けていなくても、特定の水域で特定の漁業を営み続ければ権利になるのです。

3　漁業補償を受ける者は「漁業を営む漁民」

では、漁業補償を受ける者は、だれでしょうか。

漁業補償が「事業を適法行為にするために支払われる損失補償」であることに鑑みれば、漁業補償を受ける者は「損失を受ける者」ですから、「漁業を営む者」です。

では、「漁業を営む者」は、だれでしょうか。

注3　法的に正確に言えば、定置漁業と区画漁業は許可漁業であるが、煩雑さを避けるため、ここでは説明を割愛する。詳しくは、拙著『漁業権とはなにか』（日本評論社、二〇一八年）一四頁を参照。

注4　公共事業・公益事業の各事業主体は、それぞれ要綱に基づいて損失補償基準を定めており、電力事業者も「電源開発等に伴う損失補償基準」を定めている。

自由漁業は免許も許可も不要で誰もが自由に営めますから、「漁業を営む者」は明らかに「自由漁業を営む漁民」です。許可漁業も許可を受けた者が営んでいますから、やはり「漁業を営む者」は明らかに「許可漁業を営む漁民」です。[注5]

共同漁業については、漁協が免許を受けるにも関わらず、漁協自らは共同漁業を営まず、共同漁業権ごとに定められる関係地区に住む組合員が共同漁業を営みます。その理由は、共同漁業権が漁村の有する入会漁業権に由来する権利だからですが、この点についての説明は長くなりすぎるので他書[注6]に譲り、「共同漁業を営む者」が「関係地区に住む組合員」であることだけ指摘しておきます。

祝島漁民は、共同漁業も営みますが、主として、自由漁業及び許可漁業を営んでいます。二〇一九年以降のボーリング調査で争点になっている釣り漁業についていえば、釣り漁業は自由漁業ですので、祝島漁民が「漁業を営む者」であり、「漁業補償を受ける者」であることは明らかです。

4　二〇〇〇年補償契約と地裁判決・高裁判決

「自由漁業の補償を受ける者は誰か」に関し、祝島漁民から漁業補償契約無効確認請求が提訴され、山口地裁岩国支部平成一八年三月二三日判決は、「許可漁業・自由漁業を営む漁民は、共同漁業権管理委員会と中国電力が締結した補償契約によっては拘束されず、埋立工事を受忍する義務はない」と判示しました。この地裁判決は、許可漁業・自由漁業の権利が共同漁業とは別個の権利であり、また、漁協の持つ権利ではありませんから、漁業法に基づけば自明ともいえるほど当然の判決です。

しかし、控訴審の広島高裁平成一九年六月一五日判決は、許可漁業・自由漁業の受ける埋立や温排水に伴う被害に関して、次の二つの理由で「共同漁業権管理委員会が祝島漁民への補償金を漁協が受け取れる」としました。

(a) 漁協や共同漁業権管理委員会が許可漁業・自由漁業に関与してきた

(b) 公共事業等による漁業制限等について、従来から共同漁業権管理委員会が漁業権漁業、許可漁業・自由漁業を問わず協議決定してきた

(a)に関し、広島高裁判決は、許可漁業・自由漁業に関する漁協の関与として、次の二点をあげています。

① 許可漁業の許可申請は漁協が代行している。

注5　漁業法では、「漁民」とは「漁業者又は漁業従事者たる個人」と定義されて法人を含まず、「漁業者」とは「漁業を営む者」と定義されて法人を含むので、法的に正確に言えば、「自由漁業を営む漁業者」、「許可漁業を営む漁業者」であるが、本件では「法人の漁業者」が居ないため、本稿では、漁業者＝漁民として論じることとする。

注6　拙著『漁業権とはなにか』、『海はだれのものか』（日本評論社、二〇一〇年）、等、あるいは浜本幸生氏の著書を参照。

② 漁協が許可漁業・自由漁業を含め、組合員間の漁業を調整している。

しかし、広島高裁判決が祝島漁民への補償金を漁協が受け取れる根拠としてあげている上記①、②の二点は、いずれも補償金を漁協が受領できる根拠になるものではありません。

①については、許可申請を代行したからといって漁民の権利が代行者（漁協）の権利になるはずがありません。もしも申請を代行したからといって権利が代行者の権利になるのであれば、運転免許等で代書屋に依頼する人などいなくなり、代書屋という職業自体が成り立たなくなりますから、申請の代行によって権利者自体が代わるはずがありません。

また、②も権利者が変わることの根拠にはなりません。調整者は、権利者間の調整をするに過ぎないのであって、調整を通じて調整者が権利者になるはずはありません。調整者が権利者になるのであれば、誰も調整など頼まなくなります。

このように、漁協等の関与によって許可漁業・自由漁業の権利者は変わりませんから、権利侵害に伴う補償金を受ける者は、「当該漁業を営む漁民」です。

また、(b)の「共同漁業権管理委員会の協議」によっても権利者が変わるはずはありませんから、補償金を受ける者が「当該漁業を営む漁民」でなくなるはずがありません。

したがって、広島高裁判決は誤りであり、中電が当該海域で釣り漁業を営んでいる祝島漁民に損失補償を支払わない限り、埋立も調査も違法行為になります。

これが法的に正しい見解であることは、二〇一九年以降、中電がボーリング調査をもくろんだことから、事実によって証明されていくのですが、詳しい経緯は、〈取組み〉で紹介することにします。

取組み

1　一九八五年〜二〇一一年三月の取組み

祝島を初めて訪ねたのは一九八五年、漁業補償の制度を教えてほしいとの依頼を受けて祝島公民館で説明をしました。その後、一九九五年、二〇〇五年と十年おきに訪ねましたが、二〇〇五年以降は頻繁に訪ねることとなりました。

とくに、「漁業補償を受ける者は誰か」や「埋立免許[注7]と公共用水面[注8]」について勉強会を重ねました。波に揺れる漁船の中や中電からの退去勧告がなされ、工事作業員約百名が周囲を行進する田ノ浦の浜で勉強会を持ったこともありました。

漁業補償契約無効確認請求訴訟に関しては、原告からの依頼に応え、「許可漁業・自由漁業の補償を受ける者は個々の漁民である」旨の意見書（平成一六年四月三〇日付け）を提出しまし

注7　公有水面埋立法に基づき知事から埋立事業者に出される免許。

注8　「公共用物」とは「直接に公共の福祉の維持増進を目的として、一般公衆の共同使用に供されるもの」であり、公共用物である水面を「公共用水面」という。海面や河川は公共用水面である。

た。[注9] 山口地裁岩国支部平成一八年三月二三日判決は、筆者の意見書通りの判決でしたが、広島高裁平成一九年六月一五日判決で、前述のように、あきれるほど稚拙な論理で覆されてしまいました。

広島高裁判決を初め、あまりにも低レベルの判決が続くため、国との直接交渉を持って国の見解を引き出すことを勧めていたところ、二〇一〇年五月一一日に、上京した市民とともに水産庁及び国交省と交渉を持つことができ、私見通りの見解を引き出すことができました。次のとおりです。

水産庁：補償を受けるのは漁業を営む漁民であり、漁協等が補償金を受領するには漁民からの委任状が必要。

国交省：埋立免許がなされても埋立予定海域は公共用水面であり、そこに財産権があれば補償なくして埋立はできない。

二〇一〇年〜二〇一一年には、中電が着工しようと判決を読み上げて攻勢に出るのに対して、小中進氏（「原発いらん！山口ネットワーク」代表）が勉強会で習得した法律論や上記「国の見解」で反論して押し返したことが五、六回ありました。

2　二〇一一年三月一一日の大瀬戸聴室長との電話

二〇一一年に入って、現場での着工阻止が数回繰り返されたので、筆者が中電の上関原発対策室大瀬戸聰室長に電話連絡し、徹底した法律論争を提案したところ、はじめは「係争中なので、お会いするのは見合わせていただきたい」とのことでしたが、「無用な衝突は避けたほうがいい」とか「現場で小中さんと法律論争をされているではないか」などと言って粘りました。そのやりとりのなかで法律論争も少しはできました。また、拙著『海はだれのものか』をしっかり読んでいると聞きました。

大瀬戸氏は、埋立免許が出ても埋立施行区域内が公共用水面であることは理解していて、そのうえでの「特別使用と自由使用との優劣問題[注10]」というふうに考えていました。すなわち、埋立免許は特許であり、したがって、埋立工事は特別使用で漁民・住民の自由使用よりも優越するとの見解です。

この見解に対して、「公共用物を潰すような特別使用はあり得ない」、「自由使用も慣習に基づく特別使用になる」と言いましたが、『海はだれのものか』をしっかり読まれていることもあって、主張内容は理解されたようでした。

そのようなやり取りを経て、「純粋に学術的な論争」を条件に「もう一度上層部と相談する」

注9　同意見書は、筆者のホームページ http://kumamoto84.net に掲載している。

注10　海面は、一般公衆の共同使用に供されている公共用物であり、だれもが他人の共同使用を妨げない範囲で自由にこれを使用する「自由使用」が大原則であるが、中には、特定人が特別の使用の権利を持つような「特別使用」も存在する。特別使用は特許又は慣習によって成立する。

との回答を得るまでこぎつけました。

しかし、その直後に福島原発事故が起こり、着工どころではなくなったので、論争は実現しませんでした。

3　ボーリング調査に関する大瀬戸文書への反論

二〇一九年一〇月八日、中電が海上ボーリング調査のための一般海域占用許可を申請し、山口県知事が一〇月三一日に占用許可を出しました。

しかし、ボーリング調査を行なうには、自由漁業を営む権利を侵害される祝島漁民に予め損失補償を支払っておかなければなりません。さもなければ、ボーリング調査は違法になります。

この点に関し、中電に質問状を送付していたところ、上関原発準備事務所の大瀬戸聡所長名で、二〇一九年一二月一〇日付け回答書（以下「大瀬戸文書」という）が送られてきました。

大瀬戸文書の主要部分は、次のとおりです[注11]。

（ご質問）

今回の海上ボーリング調査にあたり、許可漁業および自由漁業の漁業者に対して，なぜ補償がなされていないのか。

（ご回答）

漁業補償につきましては、二〇〇〇年（平成一二年）に漁業補償契約を締結していますが、同契約が、漁業権漁業だけでなく、許可漁業および自由漁業も含めて正当な手続を経て締結されていることは、当時の祝島漁業協同組合と同組合長ほか所属組合員の方々が提起された裁判において、二〇〇七年（平成一九年）の広島高等裁判所判決および二〇〇八年（平成二〇年）の最高裁判所決定により確認されています。したがいまして、当社としては、同契約および裁判所の判断に従ってご対応させていただくこととなります。

今回、当社は同契約を踏まえ海上ボーリング調査を行うものでありますが、今回を含めた各種調査の実施および調査に起因する漁業操業上の諸迷惑については、同契約の締結により、発電所温排水ならびに発電所の建設および運転に伴う諸迷惑を含めて同意・受忍をいただいており、当社はこれらに対する漁業補償金を既にお支払いしています。

許可漁業および自由漁業に対する補償につきましても、上記漁業補償金が漁業権漁業との区別なく光熊毛（ひかりくまげ）地区の漁獲高全般をもとに算出されたものであることから、包括的な補償により既に解決しているものと考えております。

この回答に対し、二〇一九年一二月一六日着で中電宛送った「漁業補償等に係るご回答についての反論及び質問」（以下、「二〇一九・一二・一六反論書」という）では以下のように反論すると

注11　大瀬戸文書及びそれに対する反論及び質問書は、筆者のホームページに掲載している。

ともに質問を挙げています。

回答1及び2についての反論及び質問

電力会社の漁業補償は「電源開発等に伴う損失補償基準」に基づいて支払われます。同基準は、「公共用地の取得に伴う損失補償基準要綱」（以下、「要綱」という）に基づいて作成された基準であり、したがって、要綱にも、また要綱に関して定められた「公共用地の取得に伴う損失補償基準細則」（以下、「細則」という）にも従わなければなりません。

ご存知と思いますが、要綱は、憲法二十九条の「正当な補償」の統一的基準として定められたものであり、要綱及び細則に基づく損失補償をしなければ、過大補償であっても過小補償であっても憲法二十九条違反になります。さらに、電力会社の場合、過大補償は株主訴訟の対象になります。

細則第7には、漁業補償額の算定方式が規定されていますが、最も主要な算定要素である「平年の純収益」は、次のように定められています。

平年の純収益…評価時前三カ年ないし五カ年間の平均魚種別漁穫数量に魚価を乗じて得た平均年間総漁獲額から平均年間経営費を控除して得た額。……

魚価は、時価を基準とし、地域別、時期別及び漁法別の格差を勘案した魚種別の価格とし、販売手数料を控除したものとする。

貴社は、「今回の海上ボーリング調査に伴う損失補償も二〇〇〇年補償契約に基づいて支払った」旨、記されていますが、二〇一九年一一月〜二〇二〇年一月に海上ボーリング調査をされることを二〇〇〇年時点に予測できていたはずはありません。仮に、予測されていたとしても、上掲の「平年の純収益」の算定法から明らかなように、二〇一九年一一月〜二〇二〇年一月のボーリング調査に伴う漁業補償額の算定で採用される「平年の純収益」を二〇〇〇年時点で予測することなど不可能です。

また、「ボーリング調査の海域（以下、「当該海域」という）において二〇〇〇年当時に自由漁業を営んでいた祝島組合員」（以下、「前者の組合員」という）と「現在、当該海域において自由漁業を営んでいる祝島漁民」（以下、「後者の漁民」という）は、大きく異なっています。「後者の漁民」には、二〇〇〇年当時、組合員であっても当該海域で自由漁業を営んでいなかった漁民も、組合員でなかった漁民も、さらには漁民でなかった住民も含まれています。また、漁協は加入脱退自由の団体ですから、祝島には「組合員でない漁民」も居ます。仮に、二〇〇〇年年補償契約に基づき「自由漁業の権利が消滅した」、あるいは「自由漁業の権利者が工事・調査を受忍しなければならない」とする貴社の主張を認めるとしても、それは、「前者の組合員」にのみ該当するに過ぎず、「後者の漁民」のほとんどや「組合員でない漁民」には該当しません。

さらに、貴社は「許可漁業および自由漁業に対する補償につきましても、上記漁業補償金が漁業権漁業との区別なく光熊毛地区の漁獲高全般をもとに算出されたものであることから、包括的な補償により既に解決しているもの、と考えております」と回答されていますが、このような「どんぶり勘定」ともいうべき包括的補償額算定は、補償額を「漁業別」、「漁法別」及び「漁業規模別」に算定することを定めている細則第7に照らして違法になります。

そこで、以下、質問します。

［質問］

①二〇一九年一一月〜二〇二〇年一月に海上ボーリング調査を実施することを二〇〇〇年補償契約時に予測していたのか。予測していたとすれば、その根拠を明示されたい。

②①で予測していたとすれば、補償額算定の主要要素である「平年の純収益」をどのように算定したのか。

③「後者の漁民」のボーリング調査への同意を如何に取るつもりか。

④貴社の包括的補償方式が、細則に反せず、違法（憲法違反）でないことを説明されたい。

しかし、二〇一九・一二・一六反論書への回答はないまま、大瀬戸氏は配転になってしまいました。

4　ボーリング調査に関する末国文書への反論

4－1　末国文書1と「反論書及び説明要求書」

その後、中電代理人の末国陽夫・松村和明・井上雅文の三弁護士から新たに二〇二一年八月二七日付け文書（以下、「末国文書1」という）が送られてきました。

末国文書1の内容は、山口地裁における祝島島民の会と中電との間の平成二六年六月一一日付け和解条項を根拠に「中電が埋立工事を再開したときは、祝島漁民は工事を妨害しない義務（不作為義務）を負う」というものでした。

末国文書1に対して、二〇二一年九月一〇日付け「反論書及び説明要求書」を送りました。主たる反論は、「ボーリング調査に伴う損失補償は支払われておらず、同調査は違法行為となっているので不作為義務を負うはずがない」、要するに、「違法な調査に対して不作為義務を負うはずはない」というものです。

加えて、「損失補償が支払われていないボーリング調査が何故適法な行為と言えるのか」について説明するよう要求しました。

4－2　末国文書2と「反論及び質問書」

それに対して、末国代理人らは二〇二一年九月二八日付け回答書（以下、「末国文書2」という）

において、次のように回答してきました。

平成12年4月に当社が漁業権者（現在の山口県漁業協同組合）との間で締結した漁業補償契約において、「地質、水質、流況その他の項目について調査を実施することに同意するものとし、当該調査ならびに発電所の建設および運転に起因する漁業操業上の諸迷惑を受忍する」旨を約定しています。同契約の有効性については、当時の祝島漁業協同組合及び同組合員らが原告となって提起された裁判の判決が確定しています。

大瀬戸文書と同じく、二〇〇〇年補償契約及び裁判の判決、という回答です。

そこで、ボーリング調査に即した質問項目を含む二〇二一年一〇月一日付け反論及び質問書（以下、「二〇二一年一〇月一日付け反論書」という）を中電宛送りました。次のとおりです。

2　「損失補償を欠いた違法な調査」について

埋立にしろ調査にしろ、漁業に損失を与える行為をなすには、事前に損失を被る漁業者に損失補償が必要なことは、中国電力も認めています。

中国電力は、ボーリング調査については、二〇〇〇年四月二七日に締結された補償契約で損失補償を支払った旨、主張しています。

それに対して、当会は、二〇一九年一二月一六日付けで中国電力宛に提出した反論及び質問書（以下、「二〇一九・一二・一六反論書」という）において反論を加えるとともに八項目の質問を掲げていますが、いまだに何の回答も得られていません。

そこで、今回のボーリング調査に即して、八項目のいくつかをより分かりやすくした質問及び追加質問を改めて提出いたします（「二〇一九・一二・一六反論書」における質問についても引き続き、回答を要求します）。

［質問］

①二〇二一年六月～一〇月にボーリング調査を実施することを二〇〇〇年補償契約で予測していたのか。予測していたとすれば、その根拠を明示されたい。

②「公共用地の取得に伴う損失補償基準細則」（以下、「細則」という）第7は、漁業補償額の主な要素である「平年漁獲金額」や「平年の純収益」等を「評価時前三カ年ないし五カ年間の漁獲データに基づいて算定すべき旨規定していますが、二〇二一年六月～一〇月ボーリング調査についての漁業補償額を、二〇〇〇年四月補償契約時に如何にして算定できたのか。

③二〇二一年に当該海域で漁業を営む祝島漁民は、二〇〇〇年補償契約時の祝島漁民と一部は重なるものの、重なっていない者も多い。しかるに、なぜ二〇〇〇年補償契約で今回のボーリング調査に伴う補償を支払ったと言えるのか。

④祝島漁民は、上関原発に伴う補償金を誰一人として受け取っていない。しかるに、なぜ「損失補償は二〇〇〇年補償契約に基づいて支払った」と言えるのか。

⑤制限補償のうちの期間制限補償（漁労制限補償）は、水域及び期間を特定して、その水域・期間に漁業を営めなくなることに対する損失補償であるが、二〇〇〇年補償契約における期間制限補償は、どのような期間を設定して補償したのか。

⑥埋立免許が数度にわたって延長されているが、二〇〇〇年補償契約で設定した制限期間を超えて漁民に漁労制限を強いているのではないか。そうだとすれば違法行為に当たるのではないか。

4-3　末国文書3と「反論及び質問書」

二〇二一年一〇月一日付け反論書に対し、二〇二一年一一月四日付け回答書（以下、「末国文書3」という）が送られてきましたが、内容は末国文書2と全く同じでした。

末国文書3に対し、二〇二一年一一月三〇日付け反論及び質問書を送りました。主要論点に関する質問は次のとおりです。

末国文書3における回答は、次の二点です。

①二〇〇〇年補償契約において、漁業者が調査実施に同意し、調査に起因する漁業損失を受忍する旨を約定した。

②広島高裁二〇〇七年六月一五日判決で二〇〇〇年補償契約の有効性が確定した。

電源開発に伴う漁業補償は、「電源開発等に伴う損失補償基準細則」（以下、「細則」という）に基づいて算定され、漁業権等の消滅補償額[注12]、制限補償額はそれぞれ次の式で算定されます。

・消滅補償（細則第七）

R/r

R：平年純収益　豊凶の著しい年を除いた評価時前三か年ないし五か年間の平均魚種別漁獲数量に魚価を乗じて得た平均年間漁業粗収入から平均年間漁業経営費を控除して得た額。

r：年利率八％

・制限補償（細則第十三）

$(R/r) \times \alpha \times \{(1+r)\ n-1\} \div (1+r)\ n$

α：被害率　漁業権の行使が制限されることにより生ずる純収益の平均減少率

n：制限期間年数

注12　消滅補償とは、電源開発等の施行により当該権利等に係る漁場の全部又は一部が失われ、漁業権等の行使ができなくなる場合の補償。制限補償とは、電源開発等の施行中及び施行後原状に回復するまでの期間当該漁業権等の行使ができなくなる場合又は行使に支障を生ずる場合の補償。

調査では、一定の調査期間中に漁業権の行使ができなくなり、調査後には海面が原状に回復することから、制限補償が必要です。

中国電力は、二〇一九年～二〇二一年に試みたボーリング調査について「二〇〇〇年補償契約で補償した」旨主張していますが、上記算定式に基づけば、制限補償額の算定には、n（制限期間年数）を特定すること、及び、評価時前三カ年ないし五カ年間の漁獲データを用いて算定しなければならないことから、二〇〇〇年補償契約に含まれていたはずはありません。したがって、二〇一九年～二〇二一年ボーリング調査は、損失補償を欠いたまま実施されようとした違法行為にあたります。

二〇一九年～二〇二一年ボーリング調査が二〇〇〇年補償契約に含まれていないことから一一・四文書（末国文書3）①の「漁業者の受忍義務」は、二〇一九年～二〇二一年ボーリング調査については全く生じませんし、一一・四文書②の「広島高裁判決で二〇〇〇年補償契約の有効性が確定したこと」も、二〇一九年～二〇二一年ボーリング調査には何の関係もありません。

そのうえ、債権の消滅時効は十年ですから、二〇〇〇年補償契約に基づく中国電力の債権は、すでに消滅しています。

また、平成二六年六月一一日付け和解における和解条項に基づく不作為義務も違法なボーリング調査に対して祝島漁民が負うはずはありません。

以上の理由に基づき、端的に次の質問をいたします。

［質問項目］

①二〇一九年～二〇二一年ボーリング調査は、二〇〇〇年補償契約に含まれていたのか。

なお、回答は「含まれていた」か「含まれていなかった」かの二者択一でお答え下さい。「含まれていた」のであれば、その証拠を示して下さい。「含まれていなかった」のであれば、二〇一九年～二〇二一年ボーリング調査が損失補償を欠いたまま実施されようとした違法行為であったことを潔く認めて下さい。

4-4　末国文書4と「反論及び質問書」

二〇二一年一一月三〇日付け反論書に対し、二〇二二年一月一四日付け回答書（以下、「末国文書4」という）が送られてきました。

末国文書4では、「二〇〇〇年補償契約で如何にして調査期間を予測したのか」との問いにようやく回答してきました。回答の内容は、「二〇〇〇年漁業補償契約は、『調査ならびに発電所の建設および運転』といった長期間を前提に約定していますから、これには、当然、このたびの海上ボーリング調査も含まれます」というものでした。

しかし、この回答は、制限補償のうちの「漁労制限補償」と「漁場価値減少補償」の違いを全く無視したものです。

(1)「漁労制限補償」と「漁場価値減少補償」の違いを無視

制限補償には、漁労制限補償と漁場価値減少補償の二種があります。漁労制限補償は、工事・調査等の実施区域で一定期間漁業が操業できなくなることに対する補償ですので、「期間制限補償」あるいは「一時制限補償」と呼ばれます。他方、漁場価値減少補償は、工作物等ができた後にその周辺海域で半永久的に生じる「漁場価値の減少」に対する補償ですので、「永久制限補償」と呼ばれます。運転開始後の温排水に伴う補償もこれにあたります。

中電回答は、「温排水に対して長期間にわたって補償したので、工事や調査を何時でも何度でもできる」という意味の回答で、「一時制限補償の制限期間」についての問いに対して「永久制限補償の制限期間は長期間にわたる」と全く的外れの回答をしているにすぎません。調査に伴う補償は一時制限補償ですので、制限期間年数n及び開始日・終了日を具体的な数字で示さない限り、回答したことにはなりません。

(2)二〇〇〇年補償契約は憲法二十九条三項の「正当な補償」にあたらない

そのうえ、二〇〇〇年補償契約自体、違法な契約です。

憲法二十九条三項は、公共事業・公益事業には「正当な補償」が必要である旨規定しており、

「正当な補償」を実現するための統一的な補償基準として「公共用地の取得に伴う損失補償基準要綱」が定められているのですが、二〇〇〇年補償契約は、
①漁業別漁法別等の算定をせず、「包括的補償額」を算定している、
②個別払いの原則に反して共同漁業権管理委員会等に「一括補償」している、
③権利者に補償していない等の点で要綱に反していますので、
「正当な補償」でなく、「違法な補償」になっています。

二〇〇〇年補償契約が違法であるからには、それが適法であることを根拠として「ボーリング調査海域で許可漁業・自由漁業自体を行うことができなくなった」旨判示している広島高裁平成一九年判決も根拠を失ったことになります。[注13]

(3)　二〇〇〇**年補償契約で同意を得た漁業者は占用許可の利害関係人にあたる**

山口県「一般海域の利用に関する条例施行規則」は、一般海域占用許可を申請するには、「利害関係人の同意」を得、その同意書を添付して申請しなければならない旨規定していますが、

注13　二〇二二年一月一四日付け回答書では、二〇〇〇年補償契約が違法であることに加え、広島高裁判決の論理展開を整理することによって、「ボーリング調査区域においては、許可漁業・自由漁業自体を行うことができなくなった」とした同判決の判示事項が間違いである旨述べていますが、煩雑さを避けるため、割愛します。詳しくは、ホームページ掲載の反論書を参照。

中電は、二〇一九年～二〇二一年ボーリング調査に際し、「利害関係人は共同漁業権の免許を受けている山口県漁協のみ」として一般海域占用許可を申請してきました。

しかし、「二〇〇〇年補償契約にこのたびの海上ボーリング調査も含まれる」のであれば、ボーリング調査に伴って損失を受ける漁業者に対し二〇〇〇年補償契約で補償をして同意を得たことになりますから、それらの漁業者がボーリング調査の「利害関係人」にあたることになります。

であるならば、中電は、それらの漁業者を利害関係人に含め、同意書として二〇〇〇年補償契約書を添付してボーリング調査の許可申請をしなければならなかったはずです。

したがって、中電が「利害関係人は山口県漁協のみ」として許可申請してきたこともまた違法行為にあたります。

以上の(1)～(3)を骨子とする反論書を二〇二二年三月一一日付けで中電に送りました。[注14]

結果

二〇一九年～二〇二一年ボーリング調査は、結局、何もできないまま終わっています。中電は、祝島漁民の船を回って協力依頼をするのですが、ことごとく断られて帰ることを繰り返すだけでした。

Q&A

——二〇一一年三月一一日よりも前に、中電と補償をめぐる論争をしたことはありませんか。

二〇〇五年七月二七日午前一一時から一二時まで広島市にある中電本社で交渉を持ったことがあります。中電側出席者は、入江明氏（CSR[注15]推進部門専任課長）及び牧原和敏氏（CSR推進部門専任課長）でした。

中電は、開口一番「漁業補償契約により関係漁業者の同意が得られているかどうかは慣習上の権利があるかどうかにかかってくるが、それは裁判で係争中なので答えられない」と述べましたが、その後の交渉をつうじて「ボーリング調査も含めて共同漁業権管理委員会に補償した」、「慣習上の権利を認めたから補償したわけではない」、「迷惑料も含まれている」等の回答を引き出しました。

「迷惑料も含まれている」との回答について、「補償は、要綱に基づいて支払わなければならず、迷惑料のようないい加減なお金は支払えない。もしも支払ったとしたら、必要の無い無駄

注14　中電の二〇一二年一月一四日付け回答書、及び反論書は、次のホームページに掲載しています。
http://www.kumamoto84.net。

注15　CSRとは、Corporate Social Responsibility の略で「企業の社会的責任」のこと。

な金を支払ったことになり、会社に損害を与えたことになるから、株主訴訟の対象となる。また、電気料金には大臣の認可が必要だから、そこでも問題になる」と追及したところ、中電側は慌てて、「迷惑料」発言を撤回したばかりか、交渉終了後も中嶋光雄県議に度々電話をしてきて回答の訂正を行ないました。午後六時頃、ようやく双方で確認した公式回答は次の通りです。

・個々の許可漁業・自由漁業の操業実態と漁獲高が正確に把握できないので関係八漁協の漁獲高をもって全てが補償の対象となり得るものだと判断して包括的に補償を行なってきている。

・個々の漁業者について把握できていない。漁業者はあまりに多く、あたるのが困難なので関係八漁協の漁獲高をもってトータルで補償をしている。

・こうしたやり方が一般の公共事業でも広く行われているやり方だ。

中電は、当初「補償が必要か否か明確でない漁業に対しても補償を支払った」と述べ、暗に、多めに補償したのだからうるさいことを言われる筋合いは無い、との態度でしたが、「不必要な補償を支払うことは法的に問題になる」ことを指摘され、大慌てになりました。過小補償はもちろんですが、過大補償も法的に問題になるのです。

ふりかえってみると、二〇一九年一二月一〇日大瀬戸聴所長回答にある「包括的な補償」は、すでに二〇〇五年七月時点で中電の公式回答になっていたということになります。

また、同日行なった山口県交渉では、二〇〇五年七月六日県議会農林水産委員会における池永審議監の「許可漁業・自由漁業に関する利益は、組合員個人に帰属するので、漁協等が一括して補償契約を行う場合には、委任行為が必要」、及び「これまで、本会議等で答弁してきたところでもあるが、委任の方法は、色々な方法で行なわれている実態があるとも述べられており、この件については現在係争中であるので、見解を述べることは差し控えさせていただきたい」との答弁を引いて、「委任行為が必要としていながら、委任方法はさまざまで逃げている。委任行為が必要ならば、委任方法がさまざまあり得ても、何らかの方法で委任されていることを示さない限り、許可漁業・自由漁業の権利を侵害する行為は違法になるではないか、委任されていることを示しなさい」と追及したところ、和田商工土木部長・土木部河川課・漁政課等は全く答えられませんでした。

――中電が田ノ浦の海浜を立入禁止にしようとしたことがあると聞きましたが。

二〇一〇年四月頃、中電は、「当社の占用許可区域ですので、区域に立ち入らないでください」の看板を掲げて仮桟橋のある田ノ浦の海浜全体を立入禁止にしようとしました。「占用の許可」とは、道路法や河川法等の各公物法[注16]において「特別使用の権利」の設定を意味する言葉です。仮桟橋を建設・維持するうえで「占用の許可」を受けたので、仮桟橋のある田ノ浦海浜

注16　公物に関する一般的な法律は存在しないが、道路、河川、海岸、都市公園等の個別の公共用物についてはそれぞれの管理について、包括的な法律（道路法・河川法・海岸法・都市公園法）が制定されており、これらを「公物（管理）法」と称することがある。

全体を立入禁止にしようとしたのです。

それに対して、国交省担当者（港湾局総務課）を訪ねて、「海浜は公共用物であり、自由使用が大原則」、「特別使用であっても自由使用を全く排除することはできない」との反論をしたところ、反論を認め、その後まもなく中電も看板を撤去しました。

看板が撤去される前に、田ノ浦海浜で中電が退去通告をするなか、小中さん、カヤック隊等の若者、及び私の約一五名で学習会を持ったこともありました。百名あまりのガードマンが学習会の周囲をぐるぐる行進するので、中電が法律を勉強していなければ強制排除されかねないと少し心配しましたが、無事に終了できたときは痛快でした。

——特別使用は特許又は慣習に基づく使用であり、利益にとどまらず、権利に当たりますから、自由使用よりも優越し、自由使用を排除できるのではないですか。

たしかに、特別使用は権利に当たり、「公共用物使用権」と呼ばれています。しかし、公共用物使用権は、公共用物本来の使用方法が自由使用であることから、絶対的排他的な権利ではなく、その範囲は、その使用の目的を充たすに必要な限度に止まるべきものとされています。[注17]

この「公共用物使用権の限度」は、条例にも反映されています。たとえば、山口県の「一般海域の利用に関する条例」は、五条で「公衆の一般海域の利用に著しい支障が生じないものであること」という基準に適合しないものについては「一般海域の占用許可」をしてはならない、と規定しています。つまり、自由使用に著しい支障がある場合には「一般海域の占用許可」を出してはならないのです。

ですから、仮桟橋の占用許可を得ているからといっても、占用し得るのは仮桟橋の維持のために必要最小限の区域にすぎず、海浜全体の自由使用を排除することはできないのです。

――海浜で小中進氏たちが中電の着工を押し返してきた様子をもう少し詳しく説明してください。

中電が海浜で着工しようとする度に、武重登美子さん（「原発いらん！山口ネットワーク」前代表）や小中さんから緊急連絡を受け、応答しました。

小中さんが駆けつけるまでは、祝島等の住民たちで着工を止めようとするのですが、中電は判決文を読み上げながら攻勢に出るばかりか、住民たちを犯罪人扱いにするのだそうです。それに対して、小中さんが駆けつけてハンドマイクで法的反論をすると、中電は「熊本はクソ教授」と言いながらも次第に後退していって、着工をあきらめたそうです。そう言われても私は誉め言葉と受けとめるので有難いくらいですが、電力会社たるもの、非難するにしても、もう少し品位を持ってほしいものです。

そんなことが二〇一一年までに何度もありました。工事を止めるには、身体を張るだけでなく、法的根拠を持ったうえでそれを主張しながら身体を張ることが肝腎だということだと思います。

注17　原龍之助『公物営造物法〔新版〕』二九六頁。

――二〇一九年以降のボーリング調査では、警察は来なくなったけれども、中電が海浜に集まった市民の写真をさかんに撮ったそうですが。

二〇一一年三月一一日よりも前には中電と共に警察が来ることもしばしばあったのですが、支援者の三浦翠さんによれば、「法律を使って攻めるようになってからは、警察が来なくなった」とのことで、二〇一九年以降のボーリング調査の際には来なくなりました。

他方、中電は、二〇二一年ボーリング調査に際し、田ノ浦の海浜に集まった市民の写真をさかんに撮ったそうです。その話を小中さんから聞いたので、肖像権[注18]を主張すればいいと教えたところ、肖像権主張後は写真を撮られることはなくなったそうです。

――祝島支店分の補償金を祝島支店に受け取らせようと山口県漁協が躍起になっているとのことですが。

山口県漁協は祝島漁民からの委任状を得ていないのですから、補償金を預かっていること自体、法的根拠がなく違法なことです。祝島支店が総会決議をあげても、それを根拠に補償金を受け取れることにはなりません。漁民からの委任状を得ない限り、祝島支店は補償金を受領できないのです。

また、二〇〇〇年補償契約は、中電が補償金を支払い、漁業者が埋立・調査を受忍するという内容の契約ですが、債権の消滅時効は十年ですから同契約に基づく中電の「埋立・調査を実施できる」という債権は二〇一〇年に消滅しました。

――山口県の一般海域占用許可にも法的問題があるのでは？

山口県が出している一般海域占用許可には重大な法的問題があります。一般海域占用許可の申請書には「利害関係人の同意書」を添付することが義務づけられているのですが、祝島漁民の同意書が含まれていないのです。占用予定海域で釣り漁業を営んでいる祝島漁民が利害関係人であることは常識でもわかりますが、山口県は「同意取得や補償は中電の責任」、「補償は民民の問題で占用許可とは関係ない」と言って逃げているのです。

中電と祝島漁民の間の問題が「民民の問題」であることは確かですが、知事と中電の間の問題（公民の問題）は、「民民の問題」が解決したこと、あるいはしそうなことを確認したうえで遂行しなければならないのです。さもなければ、「民民の問題」が解決しないときに「公」が恥をかくばかりか、責任が問われますから。

そもそも、憲法二十九条に照らせば、ボーリング調査を行なうには、財産権である「自由漁業を営む権利」を侵害される祝島漁民に損失補償を支払っておかなければならないのです。要綱にもそのことが明記されているのですが、山口県は「県条例以外は関係ない」として、憲法も要綱も無視しているのです。

――条例にさえ従えば、法律も憲法も無視してもよいとは理解できませんが。

注18　肖像権とは、他人から無断で写真を撮られたり、撮られた写真が無断で公表されたりすることがないように主張できる権利。

条例と法律の関係については、憲法九十四条が「地方公共団体は、…法律の範囲内で条例を制定することができる」と定め、地方自治法十四条一項が「法令[注19]に違反しない限りにおいて…条例を制定することができる」と定めています。したがって、条例は、効力の点で法令に劣り、法令に抵触する条例は無効になります。

また、法律は国会が制定するものですが、憲法は国の「最高法規」であり、憲法に反する内容の法律は無効となります。憲法九十八条は「憲法は国の最高法規であって、その条規に反する法律、命令…の全部又は一部は、その効力を有しない」と定めています。

ですから、山口県のように、条例にさえ従えば、憲法や法律を無視してもよいと言うことはとんでもない妄言です。

——山口県は利害関係人は誰と言っているのですか？

山口県は、利害関係人は、「排他独占的権利」を持つ者に限られ、本件では「排他独占的権利」である共同漁業権の免許を受けている山口県漁協が利害関係人と言っています。しかし、免許を受けているだけで共同漁業を営んでいない山口県漁協が利害関係人に当たり、漁業を営んでいる漁業者が利害関係人に当たらない、という主張がおかしいのは常識でもわかりますし、漁業権の定義が「漁業を営む権利」であることに照らせば、その誤りは明白です。

そもそも共同漁業権は「排他独占的権利」ではありません。共同漁業権の漁場区域内に定置漁業権や区画漁業権が存在し得ることだけからもそれはわかります。水産庁も「共同漁業権の排他性は同種の共同漁業権にのみ及ぶ」と言っています。共同漁業権の漁場区域内に同種の共同漁業権は共存できませんが、その他の権利は共存できるということです。ですから、共同漁業権の漁場区域内で定置漁業・区画漁業を営めるのと同様に、ボーリング調査も実施可能なのです。

しかし、山口県は、水産庁見解をも無視しているのです。

——山口県がそんな独りよがりの見解で強引に占用許可を出しても、中電はボーリング調査を実施できないのではないですか。

山口県と中電との公民関係（公法関係）は仲間内のズブズブの関係ですから、ごまかして許可を出せても、中電と漁業者の民民関係（私法関係）では、補償しない限り、ボーリング調査を実施できません。二〇一九年以来、そのことが事実によっても証明されています。

結果として、中電も山口県も恥をかいて汚点を残しているだけです。

——埋立でもボーリング調査と同じことになりますね。

ボーリング調査は埋立工事をする前に必要な地質等の調査ですから、ボーリング調査を実施できないと埋立も実施できません。

仮に、ボーリング調査を実施できないまま埋立を強行実施しようとしたとしても、ボーリン

注19　法令とは、法律（国会が定める法規範）と命令（国の行政機関が定める法規範）の総称。命令には、内閣の定める政令（施行令）や各省の定める省令（施行規則）等がある。

グ調査での公民関係は「一般海域占用許可」、埋立での公民関係は「埋立免許」という違いがあるだけで、民民関係で中電が損失補償しないかぎり実施できないことは同じですから、ボーリング調査と全く同じように埋立も実施できません。

表Ⅰ1－2　埋立もボーリング調査も補償しなければ実施できない

	埋立	ボーリング調査
事業者と公の関係（公民関係）	埋立免許	一般海域占用許可
事業者と民の関係（民民関係）	補償契約	補償契約

――中電がボーリング調査や埋立を実施するにはどうすればよいのですか。

中電が新たに補償契約を交わして補償金を支払わない限り、実施できません。

しかし、そうする場合には、補償しないまま調査を強行しようとした中電の行為、及びそれに一般海域占用許可を与えてきた山口県の行為が違法行為であったことを認めなければなりませんから、実際に新たに補償契約を交わすのは不可能でしょう。

仮に、違法行為を犯したことを認めて新たに補償契約を交わそうとしても、祝島漁民は補償金を受け取りませんから、現状と同じことになり、やはり調査も埋立も実施できません。そんな結果に落ち着くだけですから、違法行為を犯したことを認めることはしないでしょう。

――「自由漁業の権利」は、公有水面埋立法（以下、「埋立法」という）には規定されていません。埋立法が制定されたのは、大正一〇年。つまり、旧憲法下です。旧憲法には損失補償についての規定はなく、損失補償するか否かは個別法に委ねられていたため、埋立法には「水面権」[注20]についての損失補償の規定が設けられたものの「自由漁業の権利」についての損失補償の規定がないのです。

他方、新憲法では第二十九条に公共事業・公益事業で財産権を侵害するには損失補償が必要であることが規定されたため、財産権である「自由漁業の権利」について損失補償が必要になったのです。

要するに、埋立法は、今では憲法違反の法律になっているのです。

――埋立法が憲法違反の法律になっているのに、なぜ問題にならないのですか。

埋立法は昭和四八年に改正されましたが、その際に、「水面権以外の財産権」について国会では論じられ、政府は、「具体的な実害がある場合には当然民法の不法行為責任によりまして損害賠償をしなければならないことになります。したがいまして事前に、そうした方々とは損害賠償を行なうなりあるいは損害賠償の予約を行なうなりというような行為が当然必要になると思います……運用上そうした方々を無視してはならないと思っております」と答弁していま

注20　水面権とは、公有水面埋立法第五条に列挙されているの漁業権等の四種の権利のこと。ここに言う漁業権は、免許を受ける漁業権に限られ、慣習に基づく許可漁業・自由漁業の権利は含まれない。

す。[注21]

この答弁に示されるように、埋立法の不備を補うため、埋立法を所管する国土交通省は、実際には、「水面権以外の財産権」に対しても、協議を行ない、契約に基づいて補償を行なうよう埋立事業者を指導しています。

埋立法の不備を補っているもう一つのものが要綱です。要綱第二条第五項には、「この要綱において『権利』とは、社会通念上権利と認められる程度にまで成熟した慣習上の利益を含むものとする」と規定してあり、要綱の解説書には、二条五項の「慣習上の利益」の事例として「入会権、慣行水利権、許可漁業あるいは自由漁業を営む実態が漁業権と同程度の地位を有する権利と認められるもの」があげられています。つまり、許可漁業、自由漁業の利益が成熟すれば財産権にあたり、補償が必要とされているのです。

このように、種々の財産権の侵害に対して、埋立法運用上の配慮及び要綱に基づく補償がなされるがゆえに、埋立法の違憲性が問題になっていないのです。

しかし、昭和四八年埋立法改正時の国会において、埋立法の不備を追及された大臣や政府委員は「この改正は一部の改正であって、抜本的改正ではない。抜本的改正をする時には、ご意見を十分検討してみたい、…一部改正でとにかく一歩前進し、完全な抜本的改正に向け今後引き続き努力をしていく」との答弁でかわしているのですが、その後、半世紀近くを経た現在でもなお埋立法の抜本的改正には全く取り組まれていないのです。

――埋立事業者は埋立免許によって他の使用を排除して埋立事業を実施できる権利を得るのではないですか？

埋立法によれば、埋立事業者が埋立免許を得ても損失補償しない限り埋立事業を実施できないのですから、そのような理解は間違っています。

確かに、埋立法には、「埋立権」という言葉は用いられています。しかし、他の使用を排除し得る妨害排除請求権を持つには、埋立権が物権ないし物権的権利でなければなりませんが、埋立法には、その旨の規定はありません。物権や物権的権利の場合には、物権法定主義[注22]に基づき、その旨の規定が法律になければなりませんから、埋立法に基づけば、埋立権は物権でも物権的権利でもないということです。ですから、「埋立権」によって漁業等の使用を排除できず、補償契約を結んで損失補償しなければ埋立事業を実施できないのです。

そのことは、水面に工作物を造る場合を考えれば、よくわかります。水面に防波堤やダムを造る場合、免許は出されず、「工作物の新築」の許可しか出されません。補償契約が結ばれるのは、埋立の場合と同様です。

ということは、他の使用が存在するにもかかわらず、埋立をしたり工作物を新築したりできるということは、

注21　第71回国会衆議院建設委員会会議録第二一号、一八頁。
注22　民法その他の法律で定めた種類・内容のもの以外には新たに契約等で物権を創設できないという主義。

るのは、免許の効力でなく、補償契約の効力であることを意味します。つまり、補償金を支払う代わりに工事による権利侵害を受忍するという内容の補償契約に因る債権に基づいて工事を行なえるということです。

——ということは、埋立免許の「免許」とは、埋め立てる権利を設定する行為ではないということですか。

法学上は、免許は「権利を設定する行為」です。しかし、実定法では、「免許」という言葉は、法学上の定義どおり使われているとは限らず、一般的禁止を解除する「許可」の意味で用いられる場合と特定の者に権利を付与する「特許」の意味で用いられる場合とがあります。

水面は公共用物ですから、それを潰すような行為は、当然、一般的に禁止されています。埋立事業は、公共用物を潰して私有地にする行為です。公共用物の管理者は、公共用物が公共用物であり続けるよう管理する責任を負っています[注23]から、公共用物を潰す埋立事業に「特許」を与えて「公共用物を潰す権利」を付与することなどできるはずがありません。

ですから、埋立免許は、一般的に禁止されている「公共用物を潰す行為」を特定の者に禁止を解除して認める「許可」にあたると考えるほかないのです。「許可」は、一般的に禁止されている行為を認めるだけですから、権利が付与されるわけではありません。

——公共用物である水面は、いつ何によって私有地になるのですか。

公共用物を公共用物でなくすには行政による「公用廃止行為」が必要です。公用廃止行為とは「公共用物が公物としての機能を失い、当該公物を公共の用に供する必要がなくなった場合、公物としての性質を喪失させる行政行為[注24]」です。

埋立の場合の公用廃止行為は「竣功認可」であり、竣功認可によって埋立事業者が埋立地の所有権を取得します（埋立法二十四条）。埋立に伴い公共用水面は次第に土地になっていきますが、竣功認可までは、土地になった部分も含め、あくまで公共用物です。

一般的には禁止されている埋立を特定の者に禁止を解除して認めると、埋立事業が可能になり、その結果として土地ができる。それで埋立免許により予め土地所有権者を確定しておいて、埋立をつうじて土地ができたら、「公共の用に供する必要がなくなった」として竣功認可によって公共用を廃止するとともに土地所有権を誕生させ、埋立事業者の私有地とする。埋立法の手続きは法的にはこのように考えるほかないのです。

――埋立法に「埋立権の譲渡」（第十六条）や「埋立権の相続」（第十七条）の規定があることから、埋立権には財産権の性質があるように読めますが。

埋立免許には予め土地所有権者を確定しておくという効力がありますから、埋立権は「竣功

注23　原龍之助『公物営造物法〔新版〕』には「公共用物の管理というのは、公共用物の管理者が、公共用物としての本来の機能を発揮させるためにする一切の作用をいう」（二一五頁）と解説されている。海面の管理者は国であり、知事等が埋立免許を出すのは法定受託事務として行なっているためである。

注24　原龍之助『公物営造物法〔新版〕』八一頁。

認可を条件とした土地所有権」、いわば「土地所有権の卵」ということができ、その限りで財産権的性質を持つのです。しかし、埋立権は物権や物権的権利ではありませんから、埋立権に基づいて他の使用を排除して埋め立てることはできないのです。

結局、埋立免許は、「埋立工事の許可(一般的禁止の解除)」と「埋立権の特許(権利の設定)」の両者を含む行政処分ということになります。

この解釈は、「公共用水面埋立ノ免許ハ一ノ行政処分ニシテ之ヲ受ケタル者ニ其ノ埋立ヲ条件トシテ埋立地ノ所有権ヲ取得セシムルコトヲ終局ノ目的トスルモノナレトモ免許自体ニ因リ直ニ該水面ノ公共用ヲ廃止スル効力ヲ生スルモノニ非ス」とした大審院昭和一五年二月七日判決と全く一致します。

——埋立事業に対して、しばしば提起される埋立免許取消訴訟は、あまり意味がないことになりますね。

埋立事業者が埋立免許を取得しても、補償契約を結んで損失補償を支払わないかぎり埋立工事はできないのですから、補償金を受け取らずに、漁業を続けようとする漁民が居れば、あえて埋立免許取消訴訟をする必要はないのです。

加えて、埋立免許は、「事業者と公の関係(公民関係)」における行政処分ですから、その取消しに関しては、行政実務や判例をつうじてゴマカシ手法が積み重ねられているうえ[注25]、裁判所が行政側に付くことが常である日本においては、敗訴する可能性が極めて高いのです。

ですから、埋立免許取消訴訟は、意味がないどころか、敗訴した際のマイナス効果を考慮すれば、しないほうがいいとさえ言えるのです。

――結局、埋立やダムに反対するには、どうすればいいのでしょうか。

公共事業が計画されると、漁民・住民は、自分が権利を持っているにもかかわらず、「弱い自分ではとうてい国や電力会社に勝てない」と思い込んで、右往左往したり、悲嘆にくれたり、事業者のところに出かけて頭を下げて中止するよう陳情したりします。

そんなことをするから、負けるのです。陳情したら、事業者は、権利者が自分の権利に気づいていないことがわかって、ますます事業を推進しようとするだけです。

漁民・住民は、「公民関係」を重視し、免許や許可や認可を出させまいとしたり、出されれば訴訟等で取り消そうとしたり、といった努力を重ねます。しかし、日本での「公民関係」は、仲間内のズブズブの関係なので、ほとんど成果をあげられず、住民が疲れ切って敗北する事例が跡を絶ちません。

注25　例えば、公有水面埋立法では、漁業権者からの埋立同意取得や漁業権者への補償が義務付けられており、この場合の漁業権者は埋立で損害を受ける「漁業を営む者」のはずだが、行政実務でも判例でも漁業法が「免許を受ける者」を漁業権者としていることから「漁業法上の漁業権者」＝「公有水面埋立法上の漁業権者」とされており、つまり、許可漁業や自由漁業は免許を受けないので、「漁業権者」には含まれない、とごまかされている。

これを裁判を通じて覆すことはきわめて困難である。

住民が公共事業に抗するには、「公民関係」でなく「民民関係」を重視することが大事です。何も特別なことをする必要はなく、ただ日々の営みを続けていればよいのです。そうしていれば、事業者は、今の田ノ浦海域のように、頭を下げて協力依頼をせざるを得なくなります。そのときに「ノー」と言いさえすればよいのです。

民衆が権力と闘ううえでの鍵は、自らの権利を自覚するとともに、当たり前の日常的な営みを続けることです。

民に徹すれば公よりも強くなるという真理に気づき、当たり前の日常的な営みを続ければ、民衆が権力に勝てるのです。[注26]

注26　本稿で述べた法律論については、いのち・未来うべオンライン学習会「上関原発と漁業権」で解説している。URLは次のとおり。https://www.youtube.com/watch?v=PZN52Cq31uM

第Ⅱ部　廃棄物問題

第1章　伊万里射撃場の鉛汚染

問題の概要

佐賀県伊万里市大川内山の市営射撃場で起きた鉛汚染問題です。

銃弾は鉛でできています。近年の射撃場はコンクリートで舗装され、銃弾が回収されるようになっていますが、古い射撃場にはコンクリート舗装がされず、銃弾が放置されているところも少なくありません。

伊万里市営射撃場もそのような射撃場で、クレイ（射撃の的として飛ばされる素焼きの皿）やプラスチックトレイ（銃弾を包むプラスチック部品）とともに大川内山の山中に放置されていました。放置された銃弾の量は、鉛換算で五七トンにものぼっていました。

鉛は蒸留水にも溶け出します。ましてや、伊万里地方では中国の大気汚染の影響で強い酸性雨が降っており、鉛は溶液が酸性になればなるほど溶け出すので影響は深刻です。

鉛汚染は、消化器症状や神経症状（学習障害・精神遅滞等）、手足の筋肉虚弱をもたらすほか発がん性も持っています。

実際、伊万里市営射撃場に隣接する水田で米を作っている農家では三名ものご家族が胃がんで亡くなっていましたし、射撃場からの水が流れ込む川には、流入地点からかなり下流まで生物が生息していない、と言われていました。

私見

鉛銃弾を撃った後にそのまま山中に放置すれば汚染につながるのは明らかです。

鉛銃弾は、酸性雨に溶けていって次第に小さくなりますが、固体として回収可能なものは早急に回収するとともに土壌を浄化する必要があります。

しかし、現地の運動では、この問題を汚染問題としてのみとらえていたため、なかなか行政を動かすことができませんでした。

汚染問題として行政を攻める場合には、射撃場から流出してくる汚水を分析して、基準を超えるか否かを検査しなければなりません。ところが、雨天の日には汚水が雨水によって薄められるため、汚水サンプルを採取した日の天候によって検出値にバラつきがあり、晴天の日には基準値を上回るのですが、雨天の日には下回るような検出結果が続き、行政を動かすまでには至っていませんでした。

1 「産廃の不法投棄」で攻める

そこで、私は、汚染問題としてではなく、産業廃棄物（以下、「産廃」という）の不法投棄として行政を攻めることを提案しました。

汚染の場合には検出値の大小で違法性が分かれますが、産廃の不法投棄なら、検出値如何に関わらず、違法になるからです。

廃棄物処理法では、事業活動に伴って排出される金属くず、陶磁器くず、廃プラスチック類は産廃とされていますから、大川内山に放置されていた銃弾、クレイ、プラスチックトレイは、いずれも産廃にあたります。

産廃は、廃棄物処理法施行規則[注1]八条に定められている産業廃棄物保管基準に基づいて保管されなければなりません。そのことは廃棄物処理法十二条二項に次のように定められています。

> 事業者は、その産業廃棄物が運搬されるまでの間、環境省令で定める技術上の基準（以下、「産業廃棄物保管基準」という）に従い、生活環境の保全上支障のないようにこれを保管しなければならない。

したがって、伊万里市営射撃場の実態は少なくとも産廃の「違法保管」にあたり、銃弾、クレイ、プラスチックトレイが山中にただ放置されていることから判断すれば、「違法保管」の域を超えて「不法投棄」にあたることになります。

2　土壌汚染対策法の適用

クレイとプラスチックトレイは固体ですから産廃として回収できます。しかし、銃弾は次第に酸性雨に溶けていきますから、固体の形を留めているものは産廃として回収できますが、酸性雨に溶けて土壌中に浸透してしまったものは回収できません。それらは、土壌汚染としてとらえて土壌汚染対策をつうじて回収するほかありません。

土壌汚染対策に係る法律は、農用地土壌汚染防止法と土壌汚染対策法の二つがありますが、農用地土壌汚染防止法は、対象が農地に限られ、また汚染物質が銅・カドミウム・ヒ素の三項目に限られますから[注2]、本件には適用できません。他方、土壌汚染対策法は鉛に因る土壌汚染にも適用可能ですから、本件に適用できます。

したがって、本件では、事業者（伊万里市）に対し、廃棄物処理法に基づいて「不法投棄さ

注1　法律には施行令及び施行規則を伴う。法律は国会で定められるが、施行令は内閣による政令として、施行規則は法律を所管する官庁の省令として定められる。

注2　汚染物質が銅・カドミウム・ヒ素の三項目に限られるのは、過去に農用地汚染で死者が出たのは、足尾鉱毒（銅汚染）、イタイイタイ病（カドミウム汚染）、土呂久鉱害（ヒ素汚染）の三例だからと思われる。死者が出なければ規制をしないこと自体が、そもそも間違いである。

れた産廃の回収」を、また、土壌汚染対策法に基づいて「土壌汚染対策事業の実施」を要請することができます。

取組み

二〇〇九年佐賀市での講演会で知り合った伊万里市の下平美代市会議員から相談を受け、二〇一〇年冬から本格的に伊万里市営射撃場問題に取り組むことになりました。

1　不法投棄を認めさせ、クレイとプラスチックトレイを回収させる

下平議員に資料を送っていただいたり、現地を案内していただいたり、地元で勉強会を持ったりした後、二〇一一年二月に一人で佐賀県庁を訪ね、本件が産廃の違法保管・不法投棄にあたる旨の私見を説明しました。

佐賀県は、当初は「意図的な投棄ではないので不法投棄ではない」などと弁明していましたが、その後の電話等での論争をつうじて、次第に私見を認めるようになりました。佐賀県に私見を認めさせるうえでは、電話で環境省産業廃棄物課規制係の見解を引き出したことが大きな効果を持ちました。環境省は私見に全面的に同意し、「県に連絡して然るべき対処を求められては」と勧めていたのでした。

二〇一一年四月二七日、下平市議らと共に行なった佐賀県交渉において、県から「伊万里市に鉛弾等の定期的かつ頻繁な回収の計画を立てさせ、実施させる」との確約を得ることができました。

その結果、二〇一一年一一月から二〇一二年三月末までにクレイとプラスチックトレイを回収させることができました。

2　立入禁止措置を乗り越えて土壌汚染対策法を適用可能に

前述のように、雨水に溶けだした鉛は形が残っていませんので回収は難しく、鉛による土壌汚染を土壌汚染対策法の適用をつうじて解決する必要がありました。

ところが、伊万里市射撃場及びその周辺の土地に土壌汚染対策法を適用させるうえでは障害がありました。土壌汚染対策法は、汚染状態が基準を超えているうえに地下水の取水口があったり水道水の水源になったりしているか、又は人が立ち入ることのできる土地でなければ適用されない（土壌汚染対策法六条、及び同法施行令五条）からです。

実は、射撃場の不法投棄が問題になるや、県や市は、すぐに射撃場に隣接する水田の地主に頼んで、水田の入口にロープを張って立入禁止にしてもらっていたのでした。これは、おそらく土壌汚染対策法の適用を免れるために採った措置と思われます。

要するに、水田への立入禁止措置を解除しなければ、土壌汚染対策法は適用され得なかったのです。

そこで、二〇一二年春に伊万里市と交渉を持った際に、地主さんから「立入禁止措置を解除する」と言ってもらうことを打ち合わせて交渉に臨んだのですが、いざ交渉の場になると言ってもらえませんでした。その方は郷土史家で市役所とも付き合いがあるため、市の役人を前にして気兼ねして発言を控えられたようでした。

立入禁止措置の解除を地主さんに言ってもらえなかったために、その後、約一年間のブランクが生じることになってしまいました。

次に私が伊万里市を訪ねることのできた二〇一三年春、二月二八日に地主さんや下平市議らと共に伊万里市と交渉を持ちました。今度は、地主さんの了解を得たうえで「地主さんは、立入禁止措置を解除すると言っておられる」と私のほうから言いました。

その一言で事態は進展し、三月四日に塚部芳和伊万里市長が二〇一四年度に鉛銃弾の除去作業を進める方針を表明しました。同日の塚部芳和伊万里市長の記者会見での発言を新聞は次のように伝えています。

「塚部芳和市長は、四日、今年中に鉛の除去計画を策定し、二〇一四年度から除去作業を始める方針を明らかにした。鉛が検出された射撃場に隣接する休耕田（民有地）についても、市が土壌の入れ替えなど対策を講じる」（佐賀新聞二〇一三年三月五日）。

3　環境対策検討委員会による後退・迷走

三月四日記者会見から約三カ月後の六月、塚部市長は、三月四日の発言を撤回するとともに伊万里市散弾銃射撃場環境対策検討委員会（以下、「検討委員会」）を設置して検討すると発表しました。[注3] 私は、三月四日発言の撤回には不安を覚えたものの、検討委員会で真摯に検討されれば鉛汚染問題も解決できるだろうと思っていました。

ところが、検討委員会が迷走するのです。二〇一三年八月八日に開かれた第一回検討委員会では、次のような的外れの意見が出されました。

・土壌汚染対策法は地下水汚染の場合にしか適用されないから、本件には適用されない（伊藤洋委員）。
・鉛銃弾は一廃か産廃か定かでない（樋口荘太郎委員長）。
・土壌汚染対策法では土地所有者が責任を取らなければならない（伊藤洋委員）。

検討委員会には産廃問題に関する九州一の研究者を委員長に迎え、九州有数の委員を揃えたと聞いていたのですが、いずれも驚くほどお粗末過ぎる意見です。

注3　三月四日発言の撤回は、その後の推移から推測すると環境対策検討委員会委員から誤った見解が市長に示されたためと思われる。

4　検討委員会の誤りを意見書と県交渉で正す

検討委員会の議論に驚き、落胆された下平市議から連絡を受け、二〇一三年九月二日付け意見書を作成して伊万里市・佐賀県に送付するとともに、意見書をめぐって佐賀県と交渉を持ちました。

意見書は次の通りです。

伊万里市教育委員会御中
伊万里市散弾銃射撃場環境対策検討委員会第一回の議論に関し、以下のとおり意見書を提出します。

二〇一三年九月二日
明治学院大学教授　熊本一規

本意見書提出の理由

本年二月二八日に貴委員会をお訪ねし、伊万里市散弾銃射撃場の環境対策について交渉を持ちましたところ、その後、三月四日に塚部芳和伊万里市長は二〇一四年度に鉛銃弾の除去作業を進める方針を表明されました。この表明に関しては敬意を表します。

ところが、八月八日に開かれました、伊万里市散弾銃射撃場環境対策検討委員会（以下、「検討委員会」）第一回においては、委員から土壌汚染対策法及び廃棄物処理法の間違った解釈に基づく意見等が出され、その結果、射撃場の環境対策が混乱をしかねない状況となっております。そのため、伊万里市が、間違った法解釈に基づく誤った判断を下されないよう、本意見書を提出する次第です。

意　見　書

検討委員会第一回の審議経過によれば、検討委員会の有識者委員の方々は土壌汚染対策法及び廃棄物処理法について間違った法解釈をしておられます。

主な点は次の1～5です。

1　本件は土壌汚染対策法に該当しないとの誤り

本件に土壌汚染対策法が適用になるか否かにつき、伊藤洋委員は、次のような発言をされています（鍵括弧内は発言どおり。鍵括弧なしは要旨。頁は「審議経過」の頁）。

①土壌汚染対策法は、地下水汚染の場合にのみ該当し、本件は表流水の汚染の事例であるから、土壌汚染対策法は該当しない（八～九頁）。

②「地下水は何でもありませんよとなると、知事は措置命令は出せません。…結論から言うと、土壌汚染対策法にはあたらないと思います」（九頁）

しかし、この法解釈は誤りです。

土壌汚染対策法は、「要措置区域の指定」の要件を次のように定めています。

知事は、次のいずれにも該当するときは、当該土地の区域を「要措置区域（汚染の除去等の措置を講ずることが必要な区域）」として指定するものとする（法六条）。

一 土壌汚染状況調査の結果、当該土地の土壌の特定有害物質による汚染状態が環境省令（施行規則三十一条）で定める基準に適合しないこと

施行規則三十一条：鉛の溶出試験の基準〇・〇一mg／ℓ、鉛の含有量試験の基準一五〇mg／kg

二 土壌の特定有害物質による汚染により、人の健康に係る被害が生じ、又は生ずる恐れがあるとして政令（施行令五条）で定める基準に該当すること

施行令五条：一 次のいずれかに該当すること

イ 施行令三条一号イの環境省令で定める基準に適合しない土地にあっては、当該土地又はその辺の土地にある地下水の利用状況その他の状況が環境省令（施行規則三十条）で定める要件に該当すること

施行規則三十条：井戸、揚水機、その他の地下水の取水口があること、水道水の水源となっていること

ロ　施行令三条一号ハの環境省令で定める基準に適合しない土地にあっては、当該土地が人が立ち入ることができる土地であること。

したがって、施行規則三十一条に定める基準に適合せず、かつ当該土地が人の立ち入りできる土地であれば、地下水の利用状況や汚染状況如何にかかわらず、土壌汚染対策法に基づく「要措置区域の指定」が行なわれなければなりません。

本件民有地においては施行規則三十一条を超える土壌汚染がすでに判明しており、かつ民有地の相続人が「伊万里市のとった立入禁止措置を認めない」意思を表明されていることにより民有地が「人が自由に立ち入りできる土地」になっていますから、知事は「要措置区域の指定」を行なわなければなりません。

したがって、本件に土壌汚染対策法が該当しないとの解釈は誤りです。

2　「鉛銃弾は一廃か産廃か定かでない」との誤り

鉛銃弾が一廃か産廃かに関し、樋口壮太郎委員長は、いずれに属するか定かでない旨の次のような発言をされています。

①「廃棄物処理法では一九種類の廃棄物の指定しかしていないんです。それに該当していなければ産業廃棄物ではなくて一般廃棄物になります。散弾の弾というのは多分どこにもな

いと思います」(一三頁)。

②「鉛の産廃については、事業活動で出たものということは間違いないと思いますが、これの回収責任がどこにあるのかというのはもう少し調べないと分かりません。もしかしたら一般廃棄物かもしれない」(一三頁)。

しかし、鉛銃弾は、一九種類の産廃のうち「金属くず」にあたる産廃です。

一九種類の産廃のうち「紙くず」などは排出事業者の業種による限定がありますが、「金属くず」の場合には、業種による限定がなく、事業所から排出される金属くずは、すべて産廃です。

本件の場合には、伊万里市散弾銃射撃場という事業者から排出される産廃であり、したがって、その処理責任は伊万里市にあります。

この点について、他の委員が「これまでの県の指導では、クレイ射撃場というのは市が管理運営をやっているということで、事業に伴って出てきた廃棄物という位置づけでそのプラスチックとか陶片とか金属は産業廃棄物という指導を受けてきました」と発言されていますが、この県の指導は法的に正しいものです。

したがって、本件における鉛銃弾の放置は、「産廃の不法投棄ないし違法保管」あるいは「処理基準に適合しない産廃の処分」にあたります。

3　「土壌汚染対策法では土地所有者が責任をとらなければならない」との誤り

本件に土壌汚染対策法が適用になる場合の責任につき、伊藤洋委員は「仮に土壌汚染対策法でいっても土地の所有者が責任を持つということになります」（一一頁）と土地所有者に責任がある旨の発言をされています。

しかし、この法解釈も誤りです。

なるほど、土壌汚染対策法によれば、知事が土壌汚染状況調査を命じる対象は「土地所有者等（土地の所有者、管理者又は占有者）」とされています。また、汚染の除去等の措置を講ずべきことを指示・命令する対象も「土地所有者等」とされています。

しかし、措置の指示・命令の対象に関しては、「ただし、土地所有者等以外の者の行為により汚染が生じたことが明らかな場合は、その行為をした者」との但し書きがついており、本件の場合には、伊万里市散弾銃射撃場によって汚染が生じたことが明らかですから、汚染の除去等の措置の責任は伊万里市にあることになります。

したがって、伊藤委員の「土壌汚染対策法では土地所有者が責任を持つ」との解釈は誤りです。

4　土壌汚染調査は伊万里市の負担で行なうのが当然

ただし、土壌除染状況調査は、土壌汚染対策法では土地所有者等の責任で行なわれることになっています。これは法の不備であり、土壌汚染状況調査の責任に関しても「ただし、土地所有者等以外の者の行為により汚染が生じたことが明らかな場合は、その行為をした者」との但し書きが必要であったと思われます。

とはいえ、法律が「土地所有者等の責任」と規定していることは事実です。

しかし、本件の場合、土壌汚染対策法のみならず廃棄物処理法も適用になります。

民有地の土壌汚染は「産廃の不法投棄ないし違法保管」あるいは「処理基準に適合しない産廃の処分」によってもたらされたものであり、廃棄物処理法一九条の5に基づけば、産廃の排出者たる伊万里市に原状回復義務が生じます。それ故にこそ伊万里市は民有地に放置されたクレイやプラスチック容器の回収を行なったのです。したがって、鉛銃弾に関しても、それが液状になった場合でも、伊万里市に回収・処理の責任があることに疑いの余地はありません。

鉛銃弾の回収・処理を行なうには、鉛がどの範囲に存在するかの調査が必要です。

したがって、鉛汚染の調査は、廃棄物処理法に基づく伊万里市の原状回復義務を果たすためにも必要です。したがって、土壌汚染状況調査を廃棄物処理法に基づく原状回復に伴う措置として行なえば、土地所有者の負担でなく、伊万里市の負担で行なうことになります。

本件の土壌汚染に関し、土地所有者には何の瑕疵も存在しません。そればかりか、三名のご家族が次々に胃癌でなくなるという事態も生じており、土地所有者の方々は鉛汚染に伴う被害者である可能性も濃厚です。そのような土地所有者に土壌汚染調査の費用負担を求めることは、条理に反します。廃棄物処理法に基づいて、伊万里市が費用を負担すべきは当然です。

仮に、あくまで土壌汚染対策法に基づいて土壌汚染状況調査を土地所有者の負担で行なう場合には、土壌汚染対策法とは別に土地所有者と伊万里市との間で民事契約を交わし、土地所有者が負担する調査費用を伊万里市が土地所有者に支払うべきでしょう。

5　相続人の問題は委任状で解決可能

伊万里市は、民有地の所有者が全員亡くなられていることを理由として、「この土地の土壌調査をする、あるいは対策を施すという、つまり、この土地に何らかの手を加えるというためには、生存者に相続をしてもらうか、相続人全員の承諾が必要でして我々がうかつに手出しできない状況になっております」（二一頁）と述べて、相続の状況が事業遅延の原因であると説明しています。

しかし、引用文にもあるように、「相続人全員の承諾」があれば土壌汚染調査や対策は可能です。そして、「相続人全員の承諾」は、何も相続人名義での登記をしなければ得られないわけではなく、相続人の資格のある方が資格者全員からの委任状を取得すれば容易に得られるようになります。実際、相続人の方から、登記所でも同様の助言を得られたと伺っています。

また、仮に、伊万里市があくまで相続人問題を汚染対策事業を進められない理由とされるならば、伊万里市が二〇一一年にとられた立入禁止措置は相続人全員からの同意を得ないで取られた違法措置にあたることを自ら認められることになってしまいます。

したがって、相続人問題は、土壌汚染調査や対策を進めるうえで障害となるものではないと考えられます。

以上、検討委員会第1回における法的な誤り等を指摘しましたが、今後、本意見書を佐賀県及び環境省にも送付し、私見が正しいことを確認する所存です。伊万里市が、検討委員会第1回における間違った法解釈に基づく誤った判断をしないよう、万全の注意を払われんことを期待しています。

意見書を提出したところ、法律については県の担当者のほうが検討委員会の委員よりもはるかに理解が上で、私の意見を素直に認めてくれ、検討委員会の誤りについて正すことができました。

ところが、その後まもなく、地元の運動の中心となっていた下平市議が亡くなられたため、取組みは中断することになりました。

5　検討委員会の誤りをケーブルテレビ報道で正す

二〇一八年になって、地元から来訪してほしいとの依頼を受けました。射撃場及び鉛汚染問題を熱心に取材されていた伊万里ケーブルテレビの大鋸あゆり氏からの依頼でした。

依頼のきっかけは、住民からの質問に対して検討委員会伊藤洋委員（北九州市立大学大学院国際環境工学研究科教授）がお粗末な回答をしたことにありました。

伊藤委員は、上記①、③のお粗末な意見を述べた方ですが、今度は法的な誤りでなく、自然科学のうえでの初歩的な誤りで、次の④、⑤のような質問↓回答でした。

④質問：環境基準を上回る鉛を含んだ水の害はどの程度か。

回答：七〇年間飲み続けて一〇万人に一人が癌になる程度。

⑤質問：植物は鉛を吸収するのか。

回答：吸収しない。

環境のことを少しでもかじったことのある人ならビックリするようなお粗末な回答です。

環境基準とは、大気・水・土壌をどの程度に保つことを目標に施策を実施していくかの目標を定めたもので、飲料水の基準ではありません。また、鉛に関しては、ＦＡＯ（国際食糧農業機関）とＷＨＯ（世界保健機関）の合同食品添加物専門家会議が二〇一〇年に「暫定耐容週間摂取量を設定することは適切でない」（いいかえれば、少量でも摂取することは健康を害する）と判断しています。

また、植物が土壌中の鉛やカドミウムを吸収すること、及び食物連鎖を通じて生物濃縮されることは常識です。だからこそ、鉛やカドミウムの汚染米が問題となるのですし、地元では、そばの栽培をつうじてそばに鉛を吸収させて土壌汚染を軽減させていく「とんご会」という若者の取組みもあるのです。

二〇一八年二月二六日に、私が④、⑤の回答の誤りを指摘するビデオを伊万里ケーブルテレビに収録し、放映していただきました。

6 泉副市長が鉛汚染への取組みを表明

二〇一八年に大鋸あゆり氏からの依頼で伊万里を訪ねてから約一年後、久しぶりに大鋸さんからの電話が入ったので、また問題が起きたのかと思いきや、鉛汚染問題が大きく前進したとの朗報でした。

検討委員会が二〇一三年に発足してから約五年以上も経ちながら、一向に鉛汚染についての取組みが進みませんでしたが、二〇一九年二月四日に泉秀樹副市長が「汚染土を除去して場外で処理する方向で検討」との方針を示し、大きく前進する目処が立ったとのことでした。

結果

「産廃の不法投棄」を追及することで、伊万里市射撃場を閉鎖に追い込むことができ、また、クレイ・プラスチックトレイを回収させることができました。

さらに、土壌汚染についても、土壌汚染対策法に基づく土壌汚染対策の目処が立ちました。

Q&A

――なぜ、汚染でなく産廃で攻める方針を取ったのですか。

環境運動の多くは、行政を法律で攻めずに、汚染や自然保護を論点として行政と交渉します。しかし、その方法では、せいぜい「環境に配慮して事業を施行します」という発言を引き出すことしかできず、事業を中止に追い込むことはできません。

行政の行為は法律に基づかなければなりませんから、事業を中止に追い込むには法律で攻めるのが効果的なのです。

私は廃棄物問題に長年取り組んできましたので、伊万里射撃場を訪れたときに「産廃の不法投棄」という問題点にすぐに気づき、「不法投棄」という違法性で攻めれば中止に追い込めると思いました。

――法律で攻めるのは、地元の人には馴染みがなかったのではないですか。

伊万里市射撃場の反対運動でも、汚染や自然保護の観点から取り組む方が多く、法律には不慣れでした。運動のほうだけでなく、行政のほうも、当初は、伊万里市射撃場問題を汚染問題としてのみとらえていましたので、法律での攻めに当初は当惑したようでした。

下平市議や住民と共に行政と交渉を重ねるうちに、住民も行政も次第に「産廃の不法投棄」

の観点を持つようになっていきました。

――二〇一二年春から一年間のブランクがありますが。

地主さんから「立入禁止措置を解除する」と言ってもらえささえすればブランクが生じることにはならなかったのですが、著名な郷土史家で市役所とも付き合いがあるため、市の役人を前にして気兼ねして発言を控えられたようでした。打ち合わせはできていたのですが、地主さんから言ってもらえない場合のことも考慮しておくべきでした。地方での交渉の場合には、そこまで配慮する必要があると思いました。

――ケーブルテレビの大鋸あゆりさんが奮闘されたようですが。

初めは取材から入られたのでしょうが、下平さんたちと付き合ううちに、次第に鉛汚染問題をわがこととして受け止め、熱心に取り組んでくださいました。いまや大手マスコミには稀有な存在になった、真のジャーナリスト魂を持った方で、地方のケーブルテレビには、まだまだこんな素晴らしい方がおられると感激しました。

――下平美代市議の粘り強い取組みが実を結びましたね。

長年、社会党の職員、あるいは市議として健闘されてきた方で、八〇歳を超えても、伊万里射撃場問題の解決に闘志を燃やしておられました。下平さんの奮闘なしには、伊万里射撃場問題の解決はあり得ませんでした。

私が関わり始めた頃は、汚染問題として捉えられていて、産廃問題・土壌汚染問題へと捉え方を広げていく際には、かなり苦労されていましたが、持ち前の闘志と熱心さで見事に克服されました。

伊万里射撃場の解決の際にはご存命で共に喜べたのですが、土壌汚染問題の解決を共に喜べなかったのが唯一残念な点です。

――泉秀樹副市長の就任は大きかったですね。

泉副市長の英断で大きく前進しましたが、大鋸さんは「政治の力はこれほど大きいのか」と痛感されたそうです。

泉副市長は、二〇一八年四月に初当選した深浦市長から依頼されて副市長に就任された方で、京都大学で農業土木を専攻後、佐賀県庁で土木事業に携わってきた方です。地元交渉にも携わってきたそうで、長年の仕事を通じて住民に貢献することの大切さを痛感されてきたのでしょう、経験がいい意味で活かされているように感じます。

日本は「公」が「民」の上に立っており、役人は住民を抑圧することが多いですが、泉副市長の英断を聞いて、黒澤明映画「生きる」を思い起こしました。住民に貢献する志を持てば、本当にいい仕事、住民に喜ばれる仕事ができることをモチーフとした名画ですが、そのモチーフを伊万里射撃場問題という現実の場で実感しました。

――今後も監視を続けられますか。

まだ検討委員会が鉛汚染問題に関わりを持っているようですから、実際に除去作業が終了するまでは一〇〇%の安心はできません。

下平さんと共に闘ってこられた伊万里市の斎藤カズエさん・重松恵子さんをはじめとした市民の方々や大鋸あゆりさんとともに、下平美代さんの遺志に報いるべく、汚染除去事業の完遂まで監視を続けていきたいと思います。

二〇一九年八月二六日、齋藤さん・重松さん・大鋸さん及び有田市民で射撃場問題で奮闘されてきた力武舜一郎さん（有田で有機農業を実践されている通称「がばい爺ちゃん」[注4]）と共に、伊万里の「王将」で大変美味しい郷土料理をいただきながら、勝利を祝うとともに今後も取り組むことを確認しました。

注4　残念ながら、力武舜一郎さんは、二〇二〇年一月に他界されました。

第2章　米子市産廃処分場と水利権

問題の概要

米子市が美保湾に面する米子市淀江町に計画している産廃処分場問題です。
三万八五七七㎡の敷地に容積約二五万㎥の施設を建設し、燃えがら・汚泥・金属くずなど一三種類の産廃を埋め立てる計画。事業者は環境プラント工業株式会社で、県などが出資する第三セクター「鳥取県環境管理事業センター」と提携して建設をするとされています。

この計画に対し、「淀江産業廃棄物処分場に反対する会」が結成され、水源地の近くや上流に処分場を造ってはならない等の見解から、反対運動が展開されています。

私見

淀江産廃処分場は、燃えがら・汚泥等の水質汚染をもたらす恐れのある産廃を受け容れるので、汚水処理施設を備えた管理型処分場として造られるとされています。処分場の底に入れた集水管で汚水を汚水処理施設まで運んで処理して処理水を放流するという仕組みです。

しかし、汚濁物質は消えてなくなるわけでなく、汚水処理施設で汚泥となり、溜まった汚泥は時折抜き出さなければなりません。抜き出された汚泥は、産廃処理施設という事業所から排出される産廃ですから、産廃処分場に埋め立てなければなりません。つまり、汚濁物質は、汚水処理施設と処分場の間をぐるぐる循環したあげく、最終的には処分場に落ち着くことになります。

他方で、処分場の汚水が漏れるのを防ぐ遮水シートは、年々劣化して破損しやすくなります。数十年経つうちには確実に破損し、処分場の汚水が地下水汚染をもたらすことになります。

管理型処分場が、このような欠陥を持っているために、ドイツでは、処分場跡地について永久に監視することになっていますが、日本には永久監視の制度はありません。ですから、処分場は地下水汚染をなくすことはできず、後の世代に先送りしているだけということになります。

米子市は、大山のブナを中心とする広葉樹林で育まれた良質の水が豊富で、淀江産廃処分場周辺にも多くの水利権が存在しています。淀江産廃処分場が造られれば、いずれ多くの水利権が侵害されることになります。

取組み

淀江産廃処分場に関しては、二回の講演を行ないました。

一回目は二〇一四年四月二一日に、「私見」に記した「処分場は地下水汚染をなくすことはできず、後の世代に先送りしているだけ」という点を中心に話しました。

二回目は、二〇一八年一一月一一日に水利権を中心に話しました。

結果（途中経過）

二〇一八年一一月には着工間近ということでしたが、二〇二〇年六月に淀江産廃処分場建設反対運動の中心メンバー大谷輝子さんに連絡したところ、「専門家委員会は全然ダメだったので、今度は知事が人選して安全委員会を作りました。二年間の調査の結果危険ということになったら白紙撤回もあるということですが、あてにはなりません。県の担当は、環境保全室から建設部に変わり、職員の態度や発言内容は、今度はまともになりました」ということでした。また、権利に基づく取組みについては、「漁協は頑張っていたFさんを委員長から外して駄目になりましたが、水利権のほうは頑張っています」ということでした。

Q&A

――地下水汚染の恐れについて、市や県はどのような見解ですか。

鳥取県環境管理事業センターは、「国の基準に合致したものしか埋め立てない」と言っていますが、日本では、国の基準自体が甘く定められています。たとえば、産廃の有害性を判定する溶出試験はＰＨ五・八～六・三の溶液で行なわれるのですが、重金属は溶液が酸性になればなるほど溶け出すのです。全国的にＰＨ四・三程度の酸性雨が降っていることに鑑みれば甘すぎるというほかありません。

また、二重の遮水シートの間に五〇cmのベントナイト混合土を挟み込む三重の遮水構造を採用すると言うのですが、遮水シートは、時間の経過とともに劣化していきますし、ベントナイト混合土も汚水を通します。

――廃棄物処分場は、基本的に遮水シートで汚水漏れを防ぐことになっていますが。

処分場の底面・側面に遮水シートを何枚も継ぎ足して蔽うのですが、継ぎ目の所から汚水が漏れやすくなります。また、廃棄物を埋め立てていって、上からかかる重力が場所によって不均等だと、当然のことながら破れやすくなります。

遮水シートについて、日本遮水工協会「廃棄物最終処分場遮水シート取扱いマニュアル」[注1]には「遮水シート劣化に対する留意事項」として「遮水シートは時間とともに劣化が進行するので、定期的に露出部の遮水シートの抜き取り検査を実施して、劣化状況を把握し、必要に応じて貼り直すことも考慮しておく必要があります」と記されています。

――ベントナイト混合土は汚水を通さないのではないですか。

ベントナイト混合土とは、土砂にベントナイト（粘土）を一定の配合で均一に混合したものです。水を通し難いだけで通さないわけではありません。つまり、「不透水性」でなく「難透水性」なのです。

水の通しやすさを示す指標が「透水係数」ですが、ベントナイト混合土の透水係数は1×10^{-8}m／秒とされています。わかりやすく言うと、一年間に約三二cm、十年間に約三m二〇cm通すということです。

――一回目の講演と二回目の講演のテーマが全く違うのは何故ですか？

二回目は、行政がかなり手続きを進め、住民の同意をとる段階にまで追い込まれたため、計画を中止させる方法を教えてほしいということで、水利権を中心に話しました。計画を中止させるには、権利に基づいて権利者が同意しないことが鍵になると思ったからです。

――県が産廃処分場の設置許可を出した場合にも水利権者の同意は必要ですか？

注1　http://www.nisshakyo.gr.jp/pdf/yoryo.pdf

産廃処理施設の設置については、設置しようとする場所を管轄する知事の許可を受けなければなりません（廃棄物処理法第十五条）。しかし、知事の許可は、「産廃処理業者と公の関係」にすぎず、それとは別に「産廃処理業者と民の関係」において、産廃処理業者は種々の権利者の同意を得なければなりません。

水利権は、財産権であり、物権的権利とみなされていますから、産廃処理施設が水利権を侵害する場合には、水利権者の同意が必要です。

――水利権を侵害するとは、どのようなことをいうのでしょうか？

水利権は「河川の流水を一定の目的のために継続的・排他的に使用する権利[注2]」ですから、水量減がもたらされる場合はもちろん、水質が悪化して「一定の目的」に使用するうえで支障が生じる場合も水利権侵害にあたります。

――水利権の侵害を訴えて事業が中止になったような事例はありますか。

長野地裁諏訪支部昭和五六年四月二八日判決は、農民その他の住民の湧水及び流水を水田灌漑に使用している権利を「慣行水利権」として認め、それを妨害するような工事をしてはならない、と判示し、ゴルフ場開発が断念されています。

私自身の経験では、千葉県丸山町で「開発行為の許可」（都市計画法二十九条）を受けたゴルフ場を中止に追い込んだことがあります。地元住民は、ゴルフ場が開発許可を受けていたので止めるのは難しいと思われていたのですが、私が「事業者と公の関係」と「事業者と民の関係」

は別で、ゴルフ場は農薬汚染をもたらすので水利権者の同意が必要、と話したところ、それが伝わったらしく、翌日の午前中に事業者が「ゴルフ場開発中止」を決めました。

――水量の減少でなく水質汚染も水利権侵害になるのですか？

水利権は、主として水量を確保できる権利として論じられてきました。

しかし、水利権の定義は「河川の流水を一定の目的のために継続的・排他的に使用する権利」ですから、水質汚染によって「一定の目的のために」使用することが困難になれば、水利権侵害に当たると言えます。いくら汚染されても水量さえ確保できればいい、ということになるはずがありません。

――長野地裁諏訪支部判決にいう「慣行水利権」とは何ですか。

水利権には「許可水利権」と「慣行水利権」があります。

河川法上、河川は一級河川（国交大臣が指定）、二級河川（知事が指定）、準用河川（市町村長が指定）に区分されますが、これらの河川においては、河川管理者の許可によって水利権が生じます。これを「許可水利権」といいます。

他方、河川において、慣行によって「水利権」が成立していることがあります。人々が流水等の水を集団的規制のもとに、長期間、反復継続して利用し、かつ、その水利用が一般に正当

注2　我妻栄編集代表『新版新法律学辞典』

な使用として承認されている場合に成立する水利権で「慣行水利権」と呼ばれます。主に灌漑用水ですが、飲料水として使用されているものもあります。

国は、旧河川法（明治二九年）施行以前から取水実態のあるものを「慣行水利権」として認め、新河川法（昭和三九年）施行に際しても、旧河川法で「慣行水利権」として認めたものを引き続き認めました。

旧河川法施行前からの慣行水利権は新河川法施行日（昭和四十年四月一日）から二年以内に、また、普通河川に存在する慣行水利が一級河川、二級河川又は準用河川の指定を受けた場合には指定を受けた日から一年以内に届け出なければなりませんが、実際には、届け出されていない慣行水利権が多数あります。

淀江産廃処分場では、大山のブナ林（広葉樹林）の高い保水力のおかげで、たくさんの湧水があるので、多くの慣行水利権があり、地域住民の生活・生業を支えています。それが地域の環境を保全するうえでの基盤にもなるということです。

――安全委員会は、産廃処分場の建設を認めないとの結論を出す可能性はあるでしょうか？

環境や安全に関して行政が設ける委員会は自然科学の研究者を中心に構成されることが多く、自然科学の研究者は技術信仰が強いので、技術的対策で対処できるとする傾向が強いです。また、処分場が地下水汚染をもたらすことを認めると全国すべての処分場も問題になりますから、なかなか公式に認めることにはならないでしょう。

しかし、ドイツの永久管理の制度は、処分場からの地下水汚染を永久に防ぐことは不可能であるからこそ設けられている制度で、日本では永久に防げると言えるはずはありません。また、多くの自治体で水源保護条例を制定して水源地での処分場設置を規制していることも、処分場からの地下水汚染が防げないことを意味しています。

地域住民としては、ドイツの永久監視や水源保護条例に基づいて処分場からの地下水汚染が起こることを主張することが大事です。[注3]

注3　二〇二〇年に設置された安全委員会（鳥取県淀江産業廃棄物処理施設計画地地下水等調査会）は、二〇二一年四月現在、八回にわたって開催されている。

第3章　福島中間貯蔵施設計画と地権者

問題の概要

1　中間貯蔵施設とは

中間貯蔵施設は、福島原発事故に伴う福島県下の一〇万ベクレル／kg超の指定廃棄物[注1]、汚染廃棄物対策地域（図Ⅱ３‐１参照）内から発生する一〇万ベクレル／kg超の特定廃棄物[注2]、及び除染に伴い発生した土壌や廃棄物を貯蔵すべく、大熊・双葉両町にまたがる約一五九〇ヘクタールの土地に計画されている施設です。

事業主体は中間貯蔵・環境安全事業株式会社（ＪＥＳＣＯ）で、所管官庁は環境省です。設備等は廃棄物処分場と同様ですが、「処分場」でなく「中間貯蔵施設」という名称が付けられ

注1　福島原発事故で放出された放射性物質が、ごみの焼却灰、浄水発生土、下水汚泥、稲わら・たい肥などに一定濃度を超えて含まれているもので、環境大臣が指定したもの。
注2　汚染廃棄物対策地域内廃棄物と指定廃棄物のこと。

図Ⅱ 3-1　汚染廃棄物対策地域

注：警戒区域及び計画的避難区域が除染対策地域に指定され、その後、さらに汚染廃棄物対策地域に指定された。

ているのは、国が、「搬入後三十年以内に他県における最終処分を完了する」としているからです。

中間貯蔵施設については、二〇一一年一〇月に国が基本的考え方を公表し、同年一二月に福島県及び地元市町村に対し、中間貯蔵施設の設置について検討を要請しました。要請を受けて、二〇一四年九月、佐藤雄平知事（当時）は、大熊町・双葉町への中間処理施設受入れを表明し、両町長も容認しました。二〇一四年一一月には、中間貯蔵・環境安全事業株式会社法（JESCO法）を改正し、「国は、……中間貯蔵開始後三十年以内に、福島県外で最終処分を完了するために必要な措置を講ずるものとする」（第三条第二項）と規定しました。

しかし、知事や町長が受け入れるか否かの権限を持っているわけではありません。権限を持っているのは地権者であり、知事や町長が受け入れを表明したり、容認したりするのは、地権者を受け入れに傾かせるためのセレモニーに過ぎません。

地権者の間では当初から計画反対の声が強かったのですが、そこへ石原環境大臣（当時）の「最後は金目でしょ」という住民感情を逆なでする発言が飛び出し、住民の反発はさらに強まりました。

国は、当初、中間貯蔵施設の土地をすべて購入して国有地とする予定でした。しかし、先祖伝来の土地を手放したくないという地権者の思いや石原発言によって反発が強まったことから、売買だけでなく、売買をせずに地上権を設定して国が使用する方式も併用されることになります。

地権者が最も懸念しているのは、貯蔵した廃棄物を本当に三十年以内に県外で最終処分を完了できるのか、という点です。いまの政治家や官僚が約束したところで、三十年後に約束不履行で責任を取る者など誰もいません。

2　地権者会と環境省との団体交渉

二〇一四年一二月一七日、中間貯蔵施設予定地の地権者の間で「三十年中間貯蔵施設地権者会」（以下、「地権者会」）が設立されました。設立の趣旨は、国が多くの地権者の要望を無視し、一方的に用地の契約等を進めようとするのに対し、地権者が団結して交渉を行ない、国に地権者の心情・生活支援に寄り添って用地の契約や施設の運営等を行なわせるとともに、三十年後には最終処分場への廃棄物移送を完了させるという約束を守らせることにあります。[注3]

地権者会の発足時の活動方針は次のとおりです。

①三十年以内の県外最終処分場への搬出
②安全安心の担保と監視体制の構築
③土地価格は原発事故前の価格を基準に

注3　同会のホームページURLは次のとおり。https://30nenchikensya.org/

④地上権価格の割合の見直し等
⑤大熊町、双葉町の復興と、両町民への生活支援
⑥当会が算定する基準価格表による交渉
⑦契約書における主要な争点に対する交渉

3 団体交渉の経緯と論点

地権者会と環境省との団体交渉は、二〇一五年一月から始まりました。

当初の交渉は、主として地上権契約書の見直しをめぐって行なわれました。環境省の当初の契約書案[注4]が三十年後に県外処分場を用意できない場合の逃げ道をいくつも含んでいたのに対し、地権者会は、粘り強い交渉をつうじて、二〇一七年七月、三十年後の土地返還が確実になされるよう、約三十項目の変更を環境省に受け入れさせました。

契約書をめぐる交渉が一段落した後は、主要な論点は補償算定方式になりました。

公共用地の取得や使用に伴う補償に関しては、統一的な算定基準として一九六二（昭和三七）年六月二九日に「公共用地の取得に伴う損失補償基準要綱」（以下「要綱」）が閣議決定されました。また、要綱に基づいて「公共用地の取得に伴う損失補償基準」（昭和三七年一〇月一二日、以下「基準」）が用地対策連絡会（略称「用対連」[注5]）によって定められています。

ところが、要綱・基準を無視して環境省独自の算定方式を主張してきたため、地権者会は要

綱・基準に基づく補償を主張して論争することになりました。

以下、補償算定方式をめぐる主な論点について説明します。

①要綱十九条と二十条のいずれを適用するか

要綱には、十九条「土地の使用に係る補償」と二十条「空間又は地下の使用に係る補償」の規定があります。それぞれ次のような規定です。[注6]

（土地の使用に係る補償）

第十九条　使用する土地（空間又は地下のみを使用する場合における当該土地を除く。）に対しては、正常な地代又は借賃をもって補償するものとする。

2　第七条第三項の規定は、前項の規定により正常な地代又は借賃を定める場合について準用する。

注4　地権者会の門馬好春氏（現会長）によれば、環境省は当初、高圧的で、地権者は契約書案をその場で見せられるだけで、写しさえもらえないほどだったという。

注5　公共用地取得の諸制度に関し、損失補償基準の運用の調整及び損失補償に関する調査、研究等を共同して行なうことにより、公共用地の取得の促進に寄与することを目的とした団体で会長は国交省関東地方整備局長、事務局は関東地方整備局用地企画課。

注6　要綱第十九条は基準第二十四条と、要綱第二十条は基準第二十五条とそれぞれ同様の規定である。

3　第一項の正常な地代又は借賃は、使用する土地及び近傍類地の地代又は借賃に、これらの土地の使用に関する契約が締結された事情、時期等及び権利の設定の対価を支払っている場合においてはその額を考慮して適正な補正を加えた額を基準とし、これらの土地の第八条の規定により算定した正常な取引価格、収益性、使用の態様等を総合的に比較考量して算定するものとする。

（空間又は地下の使用に係る補償）

第二十条　空間又は地下の使用に対しては、前条の規定により算定した額に、土地の利用が妨げられる程度に応じて適正に定めた割合を乗じて得た額をもって補償するものとする。

2　前項の場合において、当該空間又は地下の使用が長期にわたるときは、同項の規定にかかわらず、第八条の規定により算定した当該土地の正常な取引価格に相当する額に、当該土地の利用が妨げられる程度に応じて適正に定めた割合を乗じて得た額を一時払いとして補償することができるものとする。

見出しからも明らかなように、十九条は「土地の使用に係る補償」であり、二十条は「空間又は地下の使用に係る補償」です。中間貯蔵施設は、地上に廃棄物を貯蔵していく施設ですから、十九条「土地の使用に係る補償」が適用されるのは当然です。

ところが、環境省は二十条を適用すべきというのです。その理由は、十九条は短期の使用の場合のみについて適用される規定であり、[注7]長期の場合には二十条が適用されるから、というのです。

しかし、十九条は「土地の使用」に係る補償であり、二十条は「空間又は地下の使用に係る」補償であることは、見出しからも条文からも明らかです。

環境省は、「二十条は『長期にわたるとき』という文言を含むから長期の場合にも適用されるが、十九条は『長期にわたるとき』との文言を含まないので短期に限られる」というのですが、二十条の「長期にわたるとき」とは「空間又は地下の使用が長期にわたるとき」の意味であり、「空間又は地下の使用」であることを前提として、長期の場合には二十条二項を適用し得る、としているだけであることは明らかです。

要綱の制定に伴い、所管官庁（当初は建設省、後に国交省）の監修により『公共用地の取得に伴う損失補償基準要綱の解説』（以下、『解説』という）という解説書が出され、現在まで版を重ねています。[注8]したがって、本件に要綱十九条と二十条のいずれが適用されるかを判断するうえでは『解説』の説明が重要な判断基準になります。

注7　環境省の二〇一六年四月五日付け地権者会宛回答書にも「要綱第十九条第一項は仮設工事現場等の短期使用を想定したものであり、本件地上権のような長期間土地の利用を全面的に妨げるものには馴染まない」と記されている。

注8　筆者が用いたのは【新装改訂版】（二〇一〇年九月一日）であるが、同書は版を重ねても、その内容はほとんど同じである。

『解説』は、要綱十九条の「土地の使用」について、「本条の土地の使用とは地表の使用を意味するものであって、通常地表の使用を妨げない空間又は地下のみの使用は含まれない」と、また要綱二十条の「空間又は地下の使用」について、「『空間の使用』とは、送電線路を設置する等地表及び地下の利用を伴わない場合である。……『地下の使用』とは、地下鉄、トンネルを設置する等地表及び空間の利用を伴わない場合である」と説明しています。すなわち、『解説』によれば、要綱第十九条及び第二十条の適用される使用形態は、それぞれ表Ⅱ3-1のようにすべきとされています。

表Ⅱ3-1 『解説』における要綱第十九条及び第二十条の適用使用形態

条文	適用使用形態	備考
第19条	土地（地表）の使用	地表の使用を妨げない空間又は地下のみの使用には適用されない
第20条	空間の使用	地表及び地下の利用を伴わない場合に適用される
	地下の使用	地表及び空間の利用を伴わない場合に適用される

要するに、『解説』によれば、「地表の使用」には要綱十九条（基準二十四条）が適用され、要綱二十条（基準二十五条）は適用され得ないのです。

環境省は、要綱十九条が短期の場合に限定されるとの不可解な主張を二〇一五年一月の第一回交渉から約二年半以上にもわたって言い続けましたが、二〇一七年八月に国交省から長期も含むとの指導を受けて、ようやく二〇一七年九月六日付け地権者会宛回答書で十九条が長期の場合も含むことを認めました。次のとおりです。

「公共用地の取得に伴う損失補償基準第二十四条[注9]は、土地を使用する場合の補償の考え方と補償額算定方法を規定したものであり、そこには期間という概念はないことから、使用する期間の短長で補償の考え方に差異が生じるものではないという事実を確認しました」。「期間の概念はない」との耳慣れない表現ながら、基準第二十四条（要綱第十九条）が、使用する期間の長短に関わらず適用されることを認めています。

この回答により、本件に要綱十九条が適用されることが確定しました。

②「**地代累計額が地価を超えられない**」が「**補償の根幹**」なのか

要綱十九条は、「土地の使用」に対しては、「正常な地代又は借賃をもって補償するものとする」と定めています。地権者会は、要綱に基づいて「地代による補償」を求めています。ところが、環境省は、本件が十九条「土地の使用」にあたることを認めた後も、「地代による補償」を認めず、日本不動産研究所が独自に考え出した「地上権価格」（後掲）によって一括

注9　「公共用地の取得に伴う損失補償基準」第二十四条は要綱第十九条と同じ規定である。

払いするとの主張を続けています。

その根拠は、要綱二十条の二にあるとしています。要綱二十条の二は次のとおりです。

土地を使用しようとする場合において、第十九条の規定により算定した補償額及びこれに伴い通常生ずる損失の補償額（第二十三条の二の規定により算定した補償額を含む。）の合計額が当該土地を取得した場合の価額及びこれに伴い通常生ずる損失の補償額の合計額を超えるときは、当該土地を取得することができるものとする。

環境省は、要綱二十条の二に基づいて「年払いの補償額の累計が当該土地を取得した場合の土地価額等を超えることはできない」とし、これが「補償の根幹」である、と主張しているのです。

わかりやすく数字を用いていえば、地代が地価の六％[注10]で支払われると一七年間で累計一〇二％となりますが、それは地価（一〇〇％）を超えてしまうので、「補償の根幹」に反し、認められない、というのです。

環境省は、要綱二十条の二を根拠として、長期の場合には一時払いできる旨規定している要綱二十条を援用するとしていたのですが、要綱二十条の援用が間違いで要綱十九条を適用しなければならないことを認めた後も、要綱二十条の二を根拠として「地代累計額が地価を超えられない」との主張を続けているのです。

しかし、要綱二十条の二は、「当該土地を取得することができる」と規定しているだけで、「当該土地の取得」を義務化したり強制したりしているわけではありません。取得は、地権者が土地の売渡しに同意して応じる場合にのみ行なわれるにすぎません。

そのことは、『解説』の二十条の二についての説明で、次のように明確に示されています（傍点引用者）。

(2)土地の使用期間中の使用料の総額と建物移転料、動産移転料、仮住居補償、営業補償等（土地の返還に伴う補償を含む。）の通常生ずる損失の補償の合計額と当該土地を取得するとした場合の土地代金と土地の取得に伴い必要となる通常生ずる損失の補償額の合計額を比較して、土地を取得することとした場合の補償額の方が低額となるときは、事業遂行の経済性の観点から当該土地を取得することができるとしている。この場合であっても、土地所有者が土地の売渡しに応じる場合でなければ、この補償は行われない。

したがって、要綱二十条の二は地権者が土地の売渡しに同意しない限り適用されず、「土地

注10　「公共用地の取得に伴う損失補償基準細則」第十一で「地代又は借賃相当額＋公租公課等相当額」は「宅地、宅地見込地及び農地」の正常な取引価格の六％を参考とする旨、規定されている。

の使用」に伴う補償が要綱十九条に基づき地代又は借賃によることには何の変りもないのです。[注11]

地代又は借賃が長期にわたって支払われるのに対し、土地売却では土地価額は売却時に一括払いされます。したがって、土地売却により土地代金を得た者がそれを元手に資産運用すれば、長期的には土地価額を大幅に上回る収入を得ることができます。

資産運用の可能性を考慮すれば、現時点での一〇万円は将来の一〇万円よりも価値がありま す。それゆえにこそ、預金には利子がつくのです。

また費用便益分析等[注12]においても、将来の金額については割引率を用いて現在価値に割り引くのです。[注13]

そのうえ、後述するように、地上権価格方式では、環境省自ら、三十年後（返還時）の土地価格を現在価値に割り引いて「現在決済額」としており、そこでは現在価値割引をしておきながら、地代については現在価値割引を適用しないのは全く矛盾しています。

年毎に支払われる地代（現在価値割引きしない支払額そのもの）の累計額が土地価額を超えることはいくらでも起こり得るのであり、[注14]問題視されることでは全くありません。

したがって、「地代累計額が地価を超えられない」とする環境省の見解は、「補償の根幹」どころか、両者の支払われる時期の違いを考慮に入れず、現在価値割引の手法を全く理解しない稚拙な見解というほかはありません。

4　「地上権価格」という奇怪な補償算定方式

では、環境省が主張する「地上権価格」とは如何なるものでしょうか。

環境省は、「地上権割合の算定について」（二〇一六年八月）という文書のなかで、「三十年間の土地を使用させていただく際の対価については、例えば、現時点でいったん土地を買い取らせていただき、三十年後に、また、買い取っていただくというイメージで、以下のとおり算定しています」と述べたうえで、地上権の価格や地上権の割合の算定を次の①～⑥のように説明しています。

①地上権の価格＝現時点の土地価格（お借りするときの価格）―三十年後の土地価格（お戻しするときの土地価格[注15]）

注11　要綱第二十条の二は、土地収用法の一部改正に伴い、収用による用地取得の基準と任意による用地取得の基準との斉一化を図るために二〇〇二年に追加された規定である。

注12　公共事業に伴う便益と費用を比較して事業が社会に貢献する度合いを分析する手法。費用対効果と呼ばれることも多い。

注13　現在価値割引については「教養として知っておきたい『現在価値（割引価値）』の意味や求め方」というタイトルの次のサイトが詳しい。https://money-lifehack.com/working/5016。

注14　家電等のレンタルにおいても、レンタル料の累計額が新品価格を上回ることがいくらでも起こり得るが、それが問題視されることはない。

図Ⅱ3-2　地上権設定割合算定手続きのイメージ図

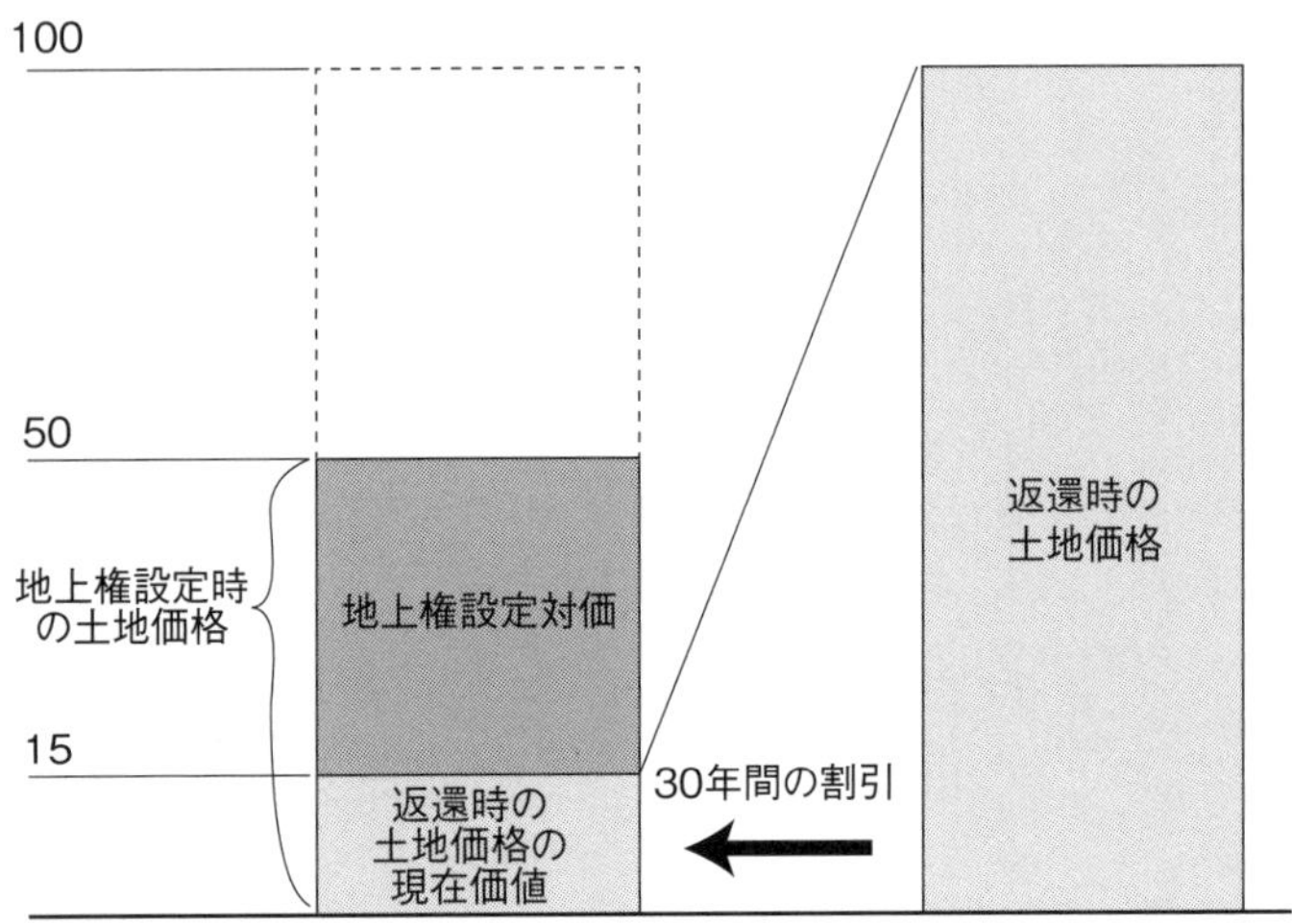

出典：環境省「地上権割合の設定について」

②現時点の土地価格は、原発事故等の影響を考慮して、原発事故前の土地価格×原発事故等格差修正率（五〇％）とする。

③三十年後（返還時）の土地価格は原発事故前の土地価格に回復することを想定し、原発事故前の土地価格×一〇〇％とする。

④三十年後（返還時）の土地価格を現在価値に割り引いて（割引率は年率六・五％）、現在決済額とすると、現在決済額＝原発事故前の土地価格×一五％となる。

⑤地上権の価格＝現時点の土地価格（五〇％）―三十年後の土地価格の現在決済額（一五％）＝原発事故前の土地価格×三五％となる。

⑥地上権の割合＝地上権の価格（三五％）÷現在の土地価格（五〇％）＝〇・七となる。

「地上権割合の算定について」には、以上の①〜⑥の算定手続きのイメージ図として、図Ⅱ3‐2が示されています。

以上のような手続きによる算定で結局、

地上権設定対価＝原発事故前の土地価格×三五％

地上権設定割合＝地上権設定対価／地上権設定時の土地価格＝三五％／五〇％＝七〇％とされています。

それぞれの問題点については私見で説明しますが、注目すべきは、④の現在決済額を算出する際に、現在価値割引をしていることです。環境省は、地上権価格方式では現在価値割引をしておきながら、地代方式については現在価値割引をすることなく「地代累計額が地価を超えることはできない」と非難して、地上権価格方式に固執し続けているのです。

5　団体交渉の打ち切り

地権者会と環境省の第四六回団体交渉は二〇二〇年一一月二二日に持たれました。

注15　⑤と照らし合わせれば、ここは「三十年後の土地価格の現在決済額」とすべきであるが、原文のまま「三十年後の土地価格」とした。

その後、地権者会は、団体交渉に弁護士・代理人を同席させることとマスコミ公開を要求しましたが、環境省は拒否しました。そのため、小泉環境大臣宛に拒否撤回を要望する文書を提出したところ、環境省は、団体交渉の打ち切りを一方的に電話で通告してきました。

環境省の主張は、「これまで四六回の団体交渉をしてきたが、平行線をたどるばかりで、今後も用地補償の理解は得られない」、「地権者会が求める補償額では、十数年後に売買契約を超えてしまう。地権者会のみ個別に補償額を変えることはできない」というものでした。[注16]

二〇二一年一一月二六日に開かれた第九回環境説明会における地権者からの質問事項に対し、環境省は二〇二二年二月一〇日に回答を送ってきましたが、環境省回答のうち特に重要なのは次の部分です。

中間貯蔵施設事業用地の取得等につきましては、長期間安定的な土地の使用権を得るため、要綱あるいは用対連基準[注17]を総合的に判断のうえ、「公共用地の取得に伴う損失補償基準要綱の施行について」(昭和三七年六月二九日　閣議了解)第一に基づき、直轄の補償基準を制定し、適正に運用しております。

この文章について、次の①~③の問題点を記したメールを門馬さんに送ったところ、「ご返信の内容はとても納得ができます。

『適正に運用』は、本当に他の人が言う言葉で、私は『性格のよい人間』と自分で言っているのと同じですね」との返信メールをいただきました。

①「要綱あるいは用対連基準を総合的に判断」といっても、要綱と基準は同一ですので、総合的も何もありません。

②「公共用地の取得に伴う損失補償基準要綱の施行について」（昭和三七年六月二九日閣議了解）第一は、要綱制定までまちまちであった補償基準を要綱に基づいて（準じて）決めなさい、という趣旨であって、直轄基準をそれぞれ自由に決めてよいという趣旨ではありません。

③「適正に運用」という評価は、運用主体が自ら言う言葉ではなく、運用主体以外の者が運用を評価する際に使う言葉です。

ちなみに、②で言及した「公共用地の取得に伴う損失補償基準要綱の施行について」（昭和三七年六月二九日閣議了解）第一の文章を次に紹介しておきます。

第一　要綱の適正な実施を確保する措置について各省庁は、その所管に係る事業に必要な公共用地の取得に伴う損失の補償について、この要綱に定めるところにより、すみやかにそ

注16　団体交渉打ち切りについて、詳しくは門馬好春「中間貯蔵交渉から逃げた環境省」（『政経東北二〇二一年六月号』）を参照。

注17　用地対策連絡会が作成した「公共用地の取得に伴う損失補償基準」のこと。

の基準を制定し、若しくは改正し、又は政府関係機関、地方公共団体その他の公益事業者等に対し、その行なう事業に必要な公共用地の取得に伴う損失の補償について、この要綱に定めるところに準じ、すみやかにその基準を制定し、若しくは改正するよう指導する等この要綱の適正な実施を確保するため所要の措置を講ずるものとする。


この文章が、環境省によれば、直轄基準をそれぞれ自由に決めてよいという趣旨になるのだそうです。公共用地の取得に伴う損失補償基準要綱は、「公共事業のすべてに適用される適正かつ統一的な損失補償基準」として作られたのですから、そもそもの要綱制定の趣旨を全くはき違えています。このような勝手な解釈に基づいて、「地上権価格方式」などという要綱に反した直轄基準を作り、要綱に基づく「地代方式」を排斥しているのです。

環境省の読解力の無さには、あきれるばかりです。

私見

筆者は、地権者会の門馬好春会長からの依頼を受けて、団体交渉の内容について、助言を行なったり、東京簡易裁判所宛に二〇一八年四月一三日付け意見書を提出したりしてきました。

門馬会長と初めてお会いしたのは、二〇一五年六月に双葉町民の避難先である埼玉県加須町での講演会（井戸川克隆前双葉町長主催）においてでした。その折に、重要文献として『解説』の本を教えたことから窺えるように、団体交渉が開始されて間もなくの頃には、要綱についてそれほど詳しくなかった門馬氏でしたが、その後、大変な努力を重ねて目覚ましい成長をされ、環境省を悉く論破されてきました。

門馬氏から論破され続けてきた環境省ですが、地代による補償については頑なに拒み続け、地上権価格方式に固執し続けています。

しかし、地上権価格方式には、次の三つの大きな問題点があります。

1　現時点の土地価格を五〇％としていること

2　返還時の土地価格を一〇〇％としていること

3　地上権設定割合を七〇％としていること

以下、問題点1～3のそれぞれについて説明していきます。

問題点1　現時点の土地価格を五〇％としていること

環境省の地上権価格方式において、②の「現時点の土地価格」が「原発事故前の土地価格」の五〇％とされているのは、原発事故等格差修正率五〇％を乗じられたからです。原発事故等格差修正率とは、原発事故等に伴う地価低下に因る修正率ですが、双葉町・大熊町の場合、地価の低下をもたらした主因は原発事故及び放射能汚染です。

したがって、地価が低下した責任は東京電力にあるはずです。福島原発事故により放射能で汚染された廃棄物・残土等の仮置き場の契約では、「事故前の地価」に基づいて地代が算定されています。東電の責任を考慮すれば当然のことです。

ところが、中間貯蔵施設においては、地上権契約の場合にも売買の場合にも「現時点の土地価格」に原発事故等格差修正率五〇％を乗じた値、つまり「事故後の地価」に基づいて算定されています。

これは、東電の責任を免責し、そのしわ寄せを福島第一原発事故に何の責任もない地権者に押し付けている措置にほかなりません。

問題点2　返還時の土地価格を一〇〇％としていること

③の三十年後の返還時の土地価格が「原発事故前の土地価格」の一〇〇％とされていることも不可解です。

福島第一原発事故に伴う放射能汚染の主成分はセシウム137であり、その半減期は約三十年です。ところが、地上権設定契約書には、「地上権の存続期間が満了する日までに、土地に現に存する物件を撤去し、土地を原状に回復したうえで、甲に返還する」と物件撤去については記されているものの、放射能汚染のことは全く含まれていません。

環境省は、地権者会との交渉においても「原発事故前への原状回復と除染の確約は出来ない」

としています。

にもかかわらず、返還時の土地価格を「原発事故前の土地価格」一〇〇％としていることは甚だしい矛盾です。三十年後の返還時の土地価格が「原発事故前の土地価格」一〇〇％に戻るはずはなく、仮に六〇％になったとすると差額四〇％は東電が返還時に負担しなければならないはずです。

したがって、返還時の土地価格を「原発事故前の土地価格」の一〇〇％としていることも、東電を免責し、そのツケを地権者に押し付ける措置にほかなりません。[注18]

問題点3　地上権設定割合を七〇％としていること

現時点の土地価格を五〇％としていることも返還時の土地価格を一〇〇％としていることも、いずれも東電を免責し、そのツケを地権者に押し付ける措置であることを見てきましたが、両者はあいまって、④⑤⑥で地上権設定割合を七〇％と低く見積もるという問題点3をもたらしています。

注18　黒沢泰『新版逐条詳解　不動産鑑定評価基準』には「鑑定評価において特に留意すべき点は、将来の時点を価格時点とする鑑定評価は不確定要素が多いため、原則的に実施すべきではないということである」（二七〇頁）と記されており、「返還時の土地価格一〇〇％」は、不動産鑑定評価の原則からも大きく外れている。

いま、現時点の土地価格をａ％、返還時の土地価格をｂ％としますと、図Ⅱ３‐２から、地上権設定割合は、(a − 0.15b) /a = 1 − 0.15b/a の式で算出できることがわかります。

「1 − 0.15b/a」の値は、ａが小さくなればなるほど、またｂが大きくなればなるほど小さくなります。つまり、環境省は、地上権設定割合をできるだけ小さくすべく、現時点の土地価格をできるだけ小さい値五〇％に、また返還時の土地価格をできるだけ大きい値一〇〇％に、不可解な根拠をもとに強引に設定したのです。地上権設定割合七〇％という値は、そうした不合理な算定の結果、算出された値なのです。

もしも、現在地価を一〇〇％、返還時地価一〇〇％として算定すれば、地上権設定割合は、八五％になります。現在地価を一〇〇％、返還時地価六〇％として算定すれば、地上権設定割合は、九一％になります。

要するに、問題点１及び２が問題点３をもたらしており、地上権価格方式は、二重に地権者を不利にする補償算定方式になっているのです。

仮置き場の場合、「原発事故前の地価」及び地代方式に基づいて算定されているためにわずかに四年半で約八五〇円／㎡の補償額になるのに対し、中間貯蔵施設の場合には、「原発事故後の地価」及び地上権価格方式に基づいて算定しているために、三十年間で約八四〇円／㎡にしかならないのです。公正・公平でないのは明らかです。

このように、事業によって要綱を無視した補償算定ができることになれば、何のために「任意取得と強制取得を通じて適用される統一的な補償基準」[注19]として要綱を定めたかという要綱の制定目的や要綱の存在意義さえ崩すことになってしまいます。

公共用地の取得や使用を強制的に行なう場合には、憲法二十九条三項に基づいて「正当な補償」が義務づけられていますから、要綱に基づいた補償算定をしなければ憲法違反になります。収用の場合には、強制取得に当たることはいうまでもありませんが、任意交渉[注20]を通じて取得する場合にも、実際には、自由売買市場が存在せず、「事実上の強制性」（公共機関が算出した補償額が権利者に一方的に押し付けられること）を伴う場合には強制取得にあたり、公共機関が過少補償を強制することは憲法二十九条三項違反になる、というのが通説になっています[注21]。

ましてや、本件のように、公共機関が要綱を無視した独自の算定方式に基づいて過少な補償額を権利者に強制した場合には「財産権の不可侵」を定めた憲法二十九条一項違反にもなると思います。公共機関がどんな算定方式に基づこうと、またどんなに低い補償額を強制しようと財産権を侵害しないという見解が成り立つはずがないからです[注22]。

地権者会が、地上権価格方式を主張する環境省に対し、要綱に基づく地代支払いを主張する

注19　『公共用地の取得に伴う損失補償基準要綱の解説（新版改訂版）』、三〇頁。

注20　公共用地を取得・使用する場合、まずは任意交渉をつうじて補償契約を交わすことが追求されるが、任意交渉で妥結しない場合には、収用をつうじて取得・使用することが可能である。

注21　楊雅舒「任意買収の補償契約に対する憲法二十九条三項の適用の有無と営業補償」（六甲台論集、政治学篇六四巻一号）を参照。

ことは、当然であり、かつ憲法を守る闘いでもあるのです。

Q&A

――法律（JESCO法第三条）に「中間貯蔵開始後三十年以内に、福島県外で最終処分を完了するために必要な措置を講ずるものとする」と規定されているのに、なぜ契約書でも明記したのですか。

地権者会によれば、法律は法改正で変更される恐れがある一方、契約書に明記されていれば地権者の同意なしに変更することはできないからです。

――契約書の内容に関する交渉で約三十カ所も改めさせたそうですが、特に重要なものは？

特に重要なのは、「地上権の存続期間は、契約を締結した日から令和二七年三月一二日までとする」と地上権の満了日を明確にしたことや地上権の満了日までに、土地に存在する物件を撤去し、土地を原状に復したうえで契約者に返還することを明確にしたことです。

――環境省は、「地代累計額が地価を超えてはならない」と主張していますが。

要綱に基づいて基準を定めた用地対策連絡会は、基準の細則として「公共用地の取得に伴う損失補償基準細則」（昭和三八年三月七日、以下「細則」という）を定めていますが、細則によれば、宅地や農地の一年間の地代は地価の六％とされています。地代六％／年ならば、十七年間で累計一〇二％となり、地価を超えますから、十七年間を超える使用では地代累計額が地価を超えるのは当たり前のことです。

実際、そのような公共の土地使用の事例は、仮置き場をはじめいくらでもあります。民間でも、家賃累計額が借家価格を超えたり、家電のレンタル料累計額が家電価格を超えたりすることは、長期使用の場合にはいくらでも起こります。

「地代累計額が地価を超えてはならない」とする論拠は何もなく、ましてや、それが「補償の根幹」と主張するなどとは驚くべきことで、要綱を守らなければならない公共機関として決して言ってはならない主張です。

――環境省はなぜ「地代累計額が地価を超えられない」が「補償の根幹」などと主張しているのでしょうか。

まず、環境省は、基本的には事業を実施する官庁ではないので、補償に関する知識も経験も乏しいという事情があります。補償を担当している官庁は、国交省であり、要綱については、国交省公共用地室が担当しているのです。

加えて、推測になりますが、地上権設定と売却を選択する本件の場合に、地代累計額が地価を上回ることになると売却が不利になるような印象を与えてしまうからではないでしょうか。

注22　憲法二十九条一項は「財産権は、これを侵してはならない」、同条三項は「私有財産は、正当な補償の下に、これを公共のために用ひることができる」と定めている。

環境省は、当初から地権者に売却を選択させたいとの意向を持っていますから、そのような印象を与えたくないのでしょう。

地代累計額が地価を上回ることになると地権者がそのような印象を持つことはあるでしょう。しかし、現在価値割引をすると決して地代累計額が地価を上回ることにはなりません。そのような印象は、地権者に丁寧に現在価値割引を説明すれば払拭できることで、環境省は、説明の努力を怠るばかりか、印象を利用して、地権者を売却に誘導しているというほかありません。

環境省は、地上権価格方式で算定する場合には現在価値割引をしておきながら、地代方式について、現在価値割引を全く考慮に入れないで「地代累計額が地価を超えられない」との主張をしているのです。

――「地代累計額が地価を超えられない」という主張をするにしても、その根拠が要綱になければならないはずですが。

環境省は、要綱上の根拠として、第二十三条の二を挙げるようになったのです。

第二十三条の二は、次のような規定です。

（土地等の返還に伴う補償）

第二十三条の二　使用する土地等を返還する場合において、当該土地等を原状に回復することが必要と認められるときは、当該土地等の原状回復に通常要する費用相当額及び当該土地等の原状回復に通常必要な期間中の地代又は借賃相当額の範囲内で通常生ずる損失額を補償するものとする。

２　使用する土地等を原状に回復することが困難な場合において返還時の現状のまま引き渡すときは、当該土地等の形質変更、改造等によって生ずる損失を適正に算定した額を補償するものとする。

３　前二項の規定による補償額は、当該土地等を取得するものとして算定した当該土地等の価格を超えないものとする。

環境省は、第三項の「補償額は、当該土地等を取得するものとして算定した当該土地等の価格を超えないものとする」に着目して、「地代累計額が地価を超えてはならない」と主張しているのです。

しかし、第二十三条の二は「土地等の返還に伴う補償」であり、第十九条「土地の使用に係る補償」とは全く別物です。

土地を使用する場合には、使用後に返還するか否かに関わらず、第十九条に基づき、「土地の使用に係る補償」を支払わなければならないのです。そのうえで、使用後に土地を返還する場合には、第二十三条の二に基づき、「土地等の返還に伴う補償」を支払わなければならないのです。両者は全く別物です。

第二十三条の二第一項は、使用後に土地を返還するうえで原状回復を要する場合、「土地の返還に伴う補償」が、「原状回復に要する費用」と「原状回復に必要な期間中の地代」の合計額である旨、規定していますが、第二十三条の二第三項は、「土地の返還に伴う補償」の額が原状回復前の地価（条文では「当該土地等の価格」）を超えてはならないと規定しているのです。わかりやすく言えば、原状回復して返還する場合の補償が原状回復しないで買い取る場合の地価を上回るようなら後者を選ばなければならない、という規定なのです。

要するに、「土地等の返還に伴う補償」についての規定を「土地の使用に係る補償」にあてはめて、補償額が地価を超えられない、とゴマカシているのです。

要綱には、「土地の使用に係る補償」は地代による、との規定しかなく、地代累計額が地価を超えられない、との規定は、全くありません。

そのうえ、要綱第二十三条の二は、使用によって土地が劣化し、地価が低下したために使用後の原状回復によって地価を回復させて返還するような一般的なケースについて規定したものです。他方、本件では放射能汚染の特質に起因して、使用している間に原状回復します。図Ⅱ3-2にみるように、環境省の「地上権設定割合の算定」では、使用開始時の地価五〇％が使用終了時に一〇〇％になるとしているくらいです。したがって、使用後の原状回復にかかる費用が原状回復前の地価を超えることなどあり得ません。

要するに、一般的には「使用時に土地が劣化して地価が低下するために使用後の原状回復費用が多額になる」のに対して、本件では、「放射能汚染で地価が低下した時点で使用を開始し、使用に伴って自然に原状回復が進むので使用後の原状回復費用はほとんどかからない」のです。

そんな特殊ケースである本件に一般的なケースを想定した規定である要綱第二十三条の二を適用することなど、できるはずがありません。

——環境省は、仮置き場と中間貯蔵施設とは事業が違うから、仮置き場は地代方式でも中間貯蔵施設では地上権価格方式でよいと言っていますが。

公共事業に伴う用地補償の統一的な基準として要綱を制定したのですから、事業が違うから算定方式が違ってもいいということになるはずがありません。要綱を無視して自由に算定方式を決められるならば、いくらでも低い補償が可能になってしまいます。

事業によって補償算定方式を変えていいという環境省の主張は、要綱の存在意義を損なう主張、要綱制定の動機や目的に反する主張です。

——地上権価格方式は、日本不動産研究所という不動産鑑定の専門家の機関が作ったのですから信頼できるのではありませんか。

環境省が、要綱以外に算定基準を求めること自体が、そもそも間違っているのです。

公共用地の取得・使用については要綱に基づいて補償することが昭和三七年に閣議決定され

ているのに、それを無視して、なぜ日本不動産研究所の意見を聴くのでしょうか。その必要性も、法的根拠も全くありません。

したがって、日本不動産研究所が考えた地上権価格方式が要綱に基づく地代方式に取って代わられるはずがありません。

——本件で収用に移る可能性はあるのですか。

本件の場合、福島原発事故という特殊事情がありますので、国は「収用はしない」と明言しています。放射能汚染をもたらしておきながら収用をすれば世論の非難を浴びるからでしょう。

ですが、収用の可能性がある場合には、任意交渉と収用とで補償額を同じにしなければならず、収用になれば収用委員会に諮られるので要綱に反した補償算定は一切できませんが、本件では、収用しないという、一見強権的でない方針を決め、それを逆手にとって、任意交渉において要綱に基づかずに環境省直轄基準による補償算定をして地権者に強制しようとしているのです。

要するに、「収用しない」と言明しているからこそ、要綱に基づかない算定が可能になっているのです。収用と同様に強権的でありながら、収用よりも陰湿な手法といえます。

第Ⅲ部　財産権

第1章　都市計画道路事業と沿道住民の権利

問題の概要

半世紀以上も前に決定された都市計画を蘇らせ、事業化する動きが拡がっています。

東京都杉並区西荻窪では、七十年以上も前に決定された都市計画道路（補助一三二号線）を今になって実施し、幅一一mから一六mに拡張しようという都市計画事業がもくろまれています。事業が実施されれば、多くの沿道住民が立退きを強いられます。数十年も住んできた土地を離れなければなりませんし、店舗の場合には、営業を続けることが不可能になったり、長年培ってきた顧客を失ったりして、廃業の危機に瀕することになります。

そのため、事業に納得できない市民によって「西荻窪の道路拡張を考える会」がつくられ、反対運動が続けられています。[注1]

全く同じように、市民の意見を全く聞かぬままに都市計画事業を強行しようという動きが、杉並区阿佐ヶ谷（補助一三三号線）、及び東京都武蔵野市（武蔵野3・4・11号女子大通り線）にも存在しています。

同様の都市計画事業は全国的に見受けられますが、特に東京都に数多く存在しています。

私見

半世紀以上も前に決定されたからといって住民の主張・意見を全く聞かずに唐突に事業を進めようとされるのでは、住民はたまったものではありません。

1　憲法三十一条「適正手続の保障」

この問題を知ってまず思い浮かんだのは憲法三十一条のことでした。

憲法三十一条は次のとおり規定されています。条文には、「財産」は含まれていませんが、判例によって「財産」も含まれるとされています。[注2]

注1　「西荻窪の道路拡張を考える会」の運動については、山岡淳一郎氏による取材を受け、同氏によって作成された動画「『ゾンビ道路』が街を壊す」がYouTubeに掲載されている。ＵＲＬは次のとおり。
https://www.youtube.com/watch?v=H8VVq6-RCOA

注2　宮沢俊義『憲法Ⅱ（新版）』（法律学全集4）、四一五頁参照。

何人も、法律の定める手続によらなければ、その生命若しくは自由を奪はれ、又はその他の刑罰を科せられない。

また、憲法三十一条は、もともと刑事手続について規定された条項ですが、今では行政手続についても適用ないし準用されるとされています。注3

要するに、公権力が国民の生命・自由・財産を制限する場合には、当事者に予めその内容を告知するとともに、弁明と防御の機会（告知と弁明・防御とを併せて「告知・聴聞の機会」と呼ばれています）を与えなければならない、という規定です。アメリカ合衆国憲法の Due process of law 条項に由来し、新憲法に盛り込まれたこの規定は、「適正手続の保障」と呼ばれています。

財産権を侵害するにもかかわらず、住民に「告知・聴聞の機会」を与えることなく、唐突に始められようとしている都市計画事業は、「適正手続」を経ておらず、憲法三十一条に違反しています。

2　都市計画法における適正手続

では、都市計画道路事業の法的根拠になる都市計画法では、「告知・聴聞の機会」は保障されているのでしょうか。

一九六八年（昭和四三）六月一五日に制定され、一九六九（昭和四四年）年六月一四日から施行された現行都市計画法（以下、「新都市計画法」という）では、「公聴会の開催」や「意見書の提出」が義務付けられています。新憲法三十一条に伴う措置で、「告知・聴聞の機会」が保障されているのです。

新都市計画法における都市計画事業には次の①〜⑧の手続を踏むことが必要です。[注4]

①都市計画道路の原案作成

将来のまちづくりを踏まえ、街の骨格となる道路の計画を立てます。

②計画説明会及び公告、縦覧

計画について一般に公開する「公聴会」を開催するとともに関係者には「説明会」などを開催します。また、公告や縦覧などによりその内容を関係者に知らせ意見を聞きます。

③都市計画審議会

都市計画審議会に付議して、その計画内容についての審議を受けます。

注3　最高裁は成田新法事件で「憲法三十一条の定める法定手続の保障は、直接には刑事手続に関するものであるが、行政手続については、それが刑事手続ではないとの理由のみで、そのすべてが当然に同条による保障の枠外にあると判断することは相当ではない」（大法廷一九九二年七月一日判決）と判示し、その後一九九三年に行政手続法の成立によって行政手続における「適正手続」が保障された。

注4　茨城県公園街路課「茨城の街路」より。

④都市計画決定及び告示、縦覧

都市計画決定がなされ、その内容についての告示及び縦覧を行います。

⑤事業化の検討

都市計画決定された道路のうち、事業化する区間について検討します。検討にあたっては、その緊急性や事業効果等について総合的に判断するため必要に応じ事前評価を行います。

⑥事業概要説明会

地元住民や関係者に対し、事業の必要性や概要等を説明します。

⑦事業認可および告示、縦覧

事業計画は国土交通大臣または知事の認可を受け、都市計画事業として位置づけられ告示されたのち、縦覧されます。

⑧事業着手

①~⑧の手続は、大きく分けて、Ⅰ　原案作成~都市計画決定（①~④）、Ⅱ　事業化の検討~事業認可（⑤~⑦）、Ⅲ　事業着手（⑧）の三段階に分かれますが、「告知・聴聞の機会」が設けられているのは、Ⅰの段階です。第十六条で計画案作成時に必要があると認めるときは「公聴会の開催」等によって住民の意見を反映させること[注5]、第十七条で都市計画決定の際に関

係市町村の住民及び利害関係人が意見書を提出できること、第十九条で都市計画案を都市計画審議会に付議しようとするときは、第十七条に基づき提出された意見書の要旨を同審議会に提出しなければならないことが規定されています。
にもかかわらず、なぜ新都市計画法の下で「告知・聴聞の機会」を欠いた都市計画事業が存在するのでしょうか。

3　都市計画法施行法第二条は憲法三十一条違反

旧憲法下、一九一九年（大正八年）に制定された旧都市計画法では、「告知・聴聞の機会」は全く設けられていませんでした。

それどころか、旧都市計画法の前文には、「朕帝国議会ノ協賛ヲ経タル都市計画法ヲ裁可シ茲ニ之ヲ公布セシム[注6]」と記されるとともに、第三条では、「都市計画、都市計画事業及毎年度執行スヘキ都市計画事業ハ都市計画審議会ノ議ヲ経テ主務大臣之ヲ決定シ内閣ノ認可ヲ受クヘシ」と、主務大臣が都市計画や都市計画事業を決め、内閣の認可を受けることとなっていまし

注5　都市計画法十六条で「公聴会の開催」が規定されているにもかかわらず、東京都杉並区をはじめ、都市計画公聴会規則を定めていない自治体も少なくない。

注6　「朕」とは、天皇が自分を指して言った語。「裁可」とは裁決し、許可を与えること。「茲に」は「ここに」と読む。

た。要するに、都市計画を決めるのは、市町村や市民でなく国という思想だったのです。旧憲法下ですから、都市計画でも国民主権ではなく、国（行政）主権であり、旧法は天皇によって公布された法律だったのです。

しかし、旧法がそのような法律であったとはいえ、新憲法三十一条で「適正手続」が必要とされているのに、なぜ新憲法下で「告知・聴聞の機会」を欠いた都市計画事業が存在するのでしょうか。

行政（国・東京都・杉並区）は、その根拠を都市計画法施行法（昭和四十三年制定）に求めています。都市計画法施行法第二条は、次のように規定しています。

第二条　新法の施行の際現に旧都市計画法（大正八年法律第三十六号。以下「旧法」という。）の規定により決定されている都市計画区域及び都市計画は、それぞれ新法の規定による都市計画区域又は新法の規定による相当の都市計画とみなす。

つまり、旧法により決定された都市計画は、新法下で決定された都市計画とみなす、というのです。新法（昭和四三年六月一五日制定）の施行は昭和四四年六月一四日ですから、それ以前の旧法下での都市計画決定は、新法下での都市計画決定とみなされるのです。

この規定を根拠として、旧法下で都市計画決定された都市計画事業については、新法下での

表Ⅲ 1-1　都市計画法・憲法と適正手続

	旧都市計画法（旧法）	憲法	新都市計画法（新法）
制定	大正8年 4月5日	昭和21年 11月3日	昭和43年 6月15日
施行	大正8年 11月27日	昭和22年 5月3日	昭和44年 6月14日
廃止	昭和44年 6月14日	—	—
適正手続	×全く無し ・主務大臣が都市計画審議会の議を経て決定。 ・内閣が認可。	○憲法31条 何人も、法律の定める手続によらなければ、その生命若しくは自由を奪はれ、又はその他の刑罰を科せられない。 ・刑事手続のみならず行政手続にも適用される。 ・「告知・聴聞の機会」を設けることがポイント。	○都市計画決定時に適正手続有り。 ・16条：案作成時に公聴会の開催等住民の意見を反映させるために必要な措置。 ・17条：案決定時に住民及び利害関係人の意見書提出。 ・18、19条：都市計画決定には、都市計画審議会の議を経なければならない。 ○都市計画変更時にも適正手続有り。 ・変更時に17条～19条を準用。 ×事業認可時には適正手続無し。 ・66条は、事業認可の告示後、事業の施行について周知させるための措置であって、適正手続ではない。

Ⅰの段階を踏まずに、いきなりⅡの段階に入れるとされているのです。そのため、新法下のⅠの段階で保障されていた「告知・聴聞の機会」が設けられないまま、事業化される都市計画道路が存在し得ているのです。

西荻窪の補助一三二号線及び阿佐ヶ谷の補助一三三号線の計画は昭和二二年一一月二六日に、武蔵野市女子大通りの拡幅計画は昭和三七年七月二六日に、それぞれ「都市計画決定」されました。いずれも、旧法下での決定ですから、都市計画法施行法第二条に基づき、新法下での決定とみなされて、「告知・聴聞の機会」が省かれたまま事業化されようとしているのです。

しかし、新憲法（昭和二二年一一月三日制定）の施行は昭和二二年五月三日ですから、それ以後の事業には、必ず「告知・聴聞の機会」が必要です。憲法三十一条に基づいて必要な「告知・聴聞の機会」が都市計画施行法第二条に基づいて欠如することになるのですから、同条は憲法違反であり、無効ということになります。

憲法九十八条は「この憲法は、国の最高法規であつて、その条規に反する法律、命令、詔勅及び国務に関するその他の行為の全部又は一部は、その効力を有しない」と規定しているからです。

都市計画法施行法第二条を根拠に適正手続を省いている都市計画事業は、憲法三十一条違反を犯しているのです。

取組み

1　学習会の開催

築地市場問題に取り組まれていた水谷和子さんから紹介されて、補助一三二号線の拡幅反対運動を続けている住民の方々とお会いし、二〇一九年一〇月二三日に学習会を持ちました。また、二〇一九年一二月一日には、阿佐ヶ谷の補助一三三号線反対運動を続けている住民の間で、二〇二〇年一月一二日には、武蔵野市の武蔵野3・4・11号女子大通り線反対運動を続けている住民の間で、それぞれ学習会を持ちました。

学習会では、埋立・ダム・原発を漁業権で止めてきた経験に基づき、次のような要旨の報告をしました。

・公共事業は、本来「公共の利益」のための事業のはずだが、日本の公共事業は、「公共の利益」でなく「私的利益」のための事業が多い。ゼネコンなどの私的利益のために特定の住民に犠牲を強いる事業になっている。

・公共事業実施の上で最大の難関は用地交渉。予定地に「住民の権利」が存在するから。住民が自分の持つ権利を自覚して闘うことが大事。

・「事業者と公の関係（許認可等）」をクリアできても「事業者と民の関係」をクリアできな

ければ、事業は実施できない。許認可が出されると、住民は往々にして事業は実施されるものとあきらめたり、許認可を取り消すことを目的として訴訟を起こしたりするが、原則として住民が同意しないと事業は実施できない。住民が行政よりも強い。

・土地建物の所有権や営業権等の財産権の侵害には損失補償が必要。

・住民の同意を得る方法は任意交渉をつうじての契約（任意売買）。住民の同意が得られなければ（住民が印鑑さえ押さなければ）、収用しかない。

・住民の意思に反した収用（強制収用）は極めて困難。また、収用されても損をすることは何もない。

・用地交渉に応じない、個別交渉に応じない、を原則として、住民の会を創ればよい。

2　国交省との論争

旧法下の決定に基づいて新法下で都市計画事業を進めることが憲法三十一条違反になるとの私見に基づき、国交省N氏と電話で五回にわたり論争を行ないました。

以下、電話録音記録に基づき、論争の主要部分を掲げます（M、N、Oは国交省M氏、N氏、O氏、Kは筆者。下線筆者）。

二〇二〇年四月七日

K：昨年一二月にOさんと少し話したんですが、都市計画法では、公聴会開催や利害関係人の意見書の提出は、都市計画決定の際に手続を踏むことになってますよね。事業認可の際にはその手続はないですよね。

M：そうです、はい。

K：都市計画法の旧法の下では適正手続はなかったんですよね。新法になって適正手続の規定が設けられたんですが、旧法下で決定して新法下で事業化される道路について、「旧法下での決定は新法下で決定されたものとみなす」という都市計画法施行法二条の規定に基づいて事業化されると適正手続の機会がなくなるわけですよ。そうなりますよね。

M：はい。

K：しかし、新憲法の下では、憲法三十一条に基づいて適正手続が必要なはずなんですよ。なのに、旧法下で決定されて新法下で事業化される道路については適正手続の機会が全くなくて事業が進められることになってしまいますね。それは、私は憲法違反だと思いますけど。この点についての国の見解をお伺いしたいということですが。

M：承知いたしました。関係の部署が複数ありますので、折り返し連絡させていただいても宜しいでしょうか。

K：宜しいですよ。

二〇二〇年四月一四日

N：昭和二二年（新憲法施行）～四三年（都市計画法制定）まで、都市計画審議会において財産権侵害について審議していた。その審議で現在の水準の適正手続を満たしていたとは言えないが、当時の適正手続の水準は満たしていた。

K：①昭和二二年〜四三年の事業のことだけを言っているわけではない。現在でも「旧法下の決定→事業化」が行なわれている。現在の事業化に関しては、現在の水準の適正手続が必要という見解なのか。

②適正手続の最も肝腎なものは「聴聞の機会」である。聴聞の機会は、新憲法下の事業には必ず必要なのに、昭和二二年以降、一貫して全く欠如しているではないか。

N：また内部で検討して回答します。

二〇二〇年四月二一日

N：国交省のNですが、先週火曜日に、都市計画法施行法二条の件で回答したところ、また改めて質問いただいたので。

K：改めて質問したというのではなく、ご見解に反論したのですが。

N：わかりました。すみません。まず、都市計画決定が違法かどうかは、決定当時の法律による、ということはよろしいでしょうか。

K：その点はいいです。

N：そのうえで、旧法の下で決定された都市計画の合憲性についての私どもの見解としては、憲法三十一条に基づく告知・聴聞の機会が常に与えられなければならないわけではない、と考えています。

K：新憲法施行後においても適正手続は必ずしも必要ないということですか。

N：そうですね。旧法の下では、決定権者の国に広い裁量が与えられていたので、告知・聴聞の機会が与えられなかったことをもって憲法違反にはならない、と考えます。

K：旧法に適正手続がなかったことを問題にしているわけではない。

N：旧法三条（都市計画審議会の議を経て主務大臣が決定する）が憲法違反であるということではないのですか。

K：旧法は旧憲法下の法律だから旧法の中に適正手続の規定があるはずはない。旧法に適正手続きの規定がないことを問題にしているわけではない。新憲法施行後に憲法三十一条適正手続きが都市計画事業に欠如していることを問題にしている。都市計画事業の手続は、決定→事業認可→事業施行ですが、その過程において適正手続が全くないことを問題にしている。

N：具体的に問題が発生していることを存じ上げていないのですが。

K：具体例もありますが、一般論として。

N：新法施行前に決定も認可も済んでいた？

K：いえ、決定が旧法下で、事業認可は新法下という事例。昭和二二年に決定して、事業認可は今年になって。

N：あー、はいはい。
K：その場合には決定の際にも事業認可の際にも適正手続がとられないということになりますね。
N：そうですね。
K：それは憲法違反ではないか、ということです。
N：……（無言）
K：決定が昭和二二年、認可が令和二年ということはお分かりになりましたよね。都市計画法施行法二条で旧法下の決定を新法下の決定とみなせば、決定の際にも認可の際にも適正手続が採られないということになってしまいます。
N：……（無言）そうですね。……（無言）。都市計画の決定が昭和二二〜四三年に行なわれているものを新法下で認可して事業化するものに適正手続が採られないということですよね。
K：一般的に言えば（そうです）。具体的には昭和二二年決定、令和二年認可、ということですが、昭和四三年までに決定されたものについては、みんなその可能性があるということですね。
N：はあ。
K：ただしですね。ご存知と思いますが、新法下で変更した場合には適正手続が採られるん

ですよ。[注7]

N：そうなってますね。

K：変更も無しに事業認可して事業化しようとしたら憲法違反になるということです。

N：都市計画に新法十六条に当たるような告知・聴聞の機会を設けないことが憲法違反に当たるという認識だと思いますが、告知・聴聞の機会を設けないことをもって憲法違反に当たるとは考えておりませんので。

K：新法では適正手続の規定がありますよね。公聴会開催や意見書の提出や意見書を踏まえた都市計画審議会での審議など。

N：あります。

K：それは旧法下で決定された道路については採られてないわけでしょ。

N：公聴会等の規定が憲法の要請によって定められたとは考えておりません。

K：どう考えられようが、新憲法の下では、適正手続が必要なんですよ。必ず必要なんですよ。

N：すいません。それが行政手続に及ぶかどうかは、また個別に判断していかなければならないところ。

注7　都市計画の変更については、都市計画の決定における適正手続の規定が準用される（都市計画法二十一条二項）。

Ｋ：そうすると、公聴会等の手続を経なくても適正手続がとられているという考えなんですか。

Ｎ：元々の法律に書いてある内容に違反していれば適正手続が採られていないということになるかとは思いますが、それがすなわち憲法違反になるとは考えておりません。

Ｋ：公聴会の開催等がなくても適正手続が採られているという考えですか。適正手続は必要ないと言われるのか、それとも何が適正手続に当たると言われるのか。

Ｎ：都市計画法に書かれている内容が適正手続に当たるということでよろしいでしょうか。

Ｋ：その都市計画法とは新法のことでしょ。

Ｎ：はい。

Ｋ：新法に書かれていることの何が適正手続に当たるんですか。

Ｎ：十六条公聴会の開催等、十七条意見書の提出もそうですね。

Ｋ：それに意見書を踏まえた都市計画審議会における審議、主としてその三つが適正手続なんですよ、そうでしょう。

Ｎ：はい。

Ｋ：だけど、「旧法下の決定→新法下の事業認可→事業化」では、その三つがいずれも満たされないじゃないですか。

Ｎ：決定自体が旧法下のものであるなら、…。

K：旧法下の決定なら新憲法は関係ないということですか。

N：はい。

K：えっ。そう、ほんとに。

N：新憲法下の適正手続にそもそも該当しないということになりますので。

K：この間、言われた、旧法では旧法下の適正手続を満たしていたんだと、新法下の適正手続とは別なんだと。適正手続には二つの基準があるんだという見解に近づきますよね。

N：そうですね。

K：憲法九十八条、ご存知ですか。[注8]

N：はい。

K：憲法は国の最高法規であって、その条規に反する法律等は、その効力を有しない、と規定されていますよ。

N：憲法三十一条の適正手続は、もとはと言えば刑事手続に関する規定ですが、行政手続にも場合によっては適用されるということですよね。

K：いまは行政手続にも適用されるということは定説になっていますから、そこで争っても勝てませんよ。

注8　憲法九十八条は「この憲法は、国の最高法規であつて、その条規に反する法律、命令、詔勅及び国務に関するその他の行為の全部又は一部は、その効力を有しない」と規定している。

N：私どもは、都市計画は憲法三十一条の保障の範疇には入っていない、という考えです。

K：今の都市計画事業に憲法三十一条は適用にならないという考えですか。

N：はい、その認識でおります。

K：えっ？都市計画事業に憲法は関係ない、と。

N：少なくとも都市計画の決定に関しては必ずしも及ばないのであって、その後の実際の認可に関しては、私の一存で申し上げることはできないんですが、憲法三十一条の保障が及ぶ可能性もあるにはあるんですが。

K：事業認可には適正手続が及ぶ可能性があると言われましたが、事業認可の際の適正手続は何が採られるんですか。

N：そうですね。…すいません、その点に関しましては、すぐには（答えられません）。申し訳ありません。

K：住民の協力が得られるように説明会を持ちなさい、という規定[注9]はありますよね。

N：（頁をめくる音と「えー」という言葉だけ）すいません。事業認可に関する手続に関しては、また改めてご連絡を入れたい、と思います。

K：それはそれでお願いしますけれども、私は、決定→事業認可→事業化の一連の手続において、必ず適正手続が必要だという見解なんですよ。だから貴方が、次回の回答で、事業認可の際にこういう適正手続を採っています、という回答であれば納得しますが、事業認可の際にも適正手続が採られないという回答になると私の疑問が残るということになります。

N：わかりました。では、認可の段階における手続について調べてまいりまして回答いたします。

K：それと「決定→事業認可→事業化」の一連の手続をつうじて適正手続がなければいけないという私の見解についてのNさんの見解もご回答ください。一連の手続において適正手続が必要だというのが私の見解、Nさんは、事業認可の際に適正手続があるんじゃないか、という見解。その違いですね。そういうことでよろしいでしょうか。

N：わかりました。

二〇二〇年五月一日

N：都市計画の決定から認可→事業化の流れにおける一連の手続において適正手続が採られているかということでしたが、事業認可のところでは都市計画法六十六条にありますとおり、公告をし、付近住民に説明をする等の措置を講じるということで、その段階で告知もしていますし、事業の概要を説明したり、住民の意見を聴取したりすることも含まれていますので、憲法三十一条を満たしていると私どもは考えています。

K：六十六条で満たしている、ということですが、六十六条は見出しにもありますように、

注9　都市計画法第六十六条。

「事業の施行について周知させるための措置」ですよね。だから、事業内容自体は決まっていて、それを周知させるための措置に過ぎなくて、住民の意見を聴いて練り直すという機会ではないですよね。

N：必ずしもそうとは言えないのではないか。事業の促進を図るというところで六十六条の規定があるわけなんですけど、またその中で意見の聴取というところも入っておりますので、この段階でまた事業のすすめ方について住民の意見を取り入れることは充分考えられるのではないか。

K：内容の再検討も含むということですか。

N：はい、そうですね。

K：しかし、審議会における審議はないですよね。

N：そうですね。認可の段階においてはそうですね。

K：審議会において権利者からの意見書を踏まえて審議するというプロセスはないですよね。

N：認可の段階では六十六条のとおりですね、はい。

K：私は、適正手続に審議会において利害関係者からの意見書を審議することが必要だという理解なんですよ。それはないんですよね。

N：はい。

K：だから、六十六条では憲法三十一条を満たしているとは、とうてい言えない、という解釈なんです。
N：あ、はい。
K：加えてですね。土地収用法の事業認定の手続が都市計画法の事業認可を受ければ必要ないということになりますよね。
N：すいません。もう一度お願いします。
K：都市計画法の七十条ですが、事業認可を受ければ、土地収用法の事業認定が必要ないということになるんですよ。
N：すいません。いま確認します。……。あ、はい、確認しました。
K：その理由を『逐条問答　都市計画法の運用』[注10]という建設省監修の本には、「都市計画決定の時点において当該計画が、利害関係人、第三者機関及び行政機関の調整を十分経てきているため、計画自体の合理性は十分具備していることから」土地収用法の事業認定の手続は採らなくてもいいと解説してあるんです。つまり決定時点で十分調整したと。
N：うんと……
K：この本、ご存知ですよね。

注10　正確には建設省都市局都市計画課監修『逐条問答　都市計画法の運用　第二次改訂版』（ぎょうせい、一九九三年）

N：確認いたします。

K：七十条の解説の所にそういうふうに書いてあります。

N：はい。

K：つまり、決定の際に十分調整しているので事業認可の際には土地収用法の事業認定の手続が必要ないと、そういうふうに解説してあるんですね。

N：はい。

K：ところが、旧法下の決定の際には全然調整を経てないわけでしょ。

N：はあ、うんと。まあ、そうですね。都市計画決定の時点というのは、新法下でのことですよね。

K：そうです。だから、旧法下の決定では全然調整を経てないから、旧法下の決定で新法下の認可を経て事業化しようとする場合には、土地収用法の事業認定が必要だということになるんですよね。旧法下で決定されたものに関しては、都市計画法七十条ではなく、土地収用法の事業認定が必要ということ。そうなってしまう。解説に基づけばですね。

N：うんと、…実際のところの実例がどうなっているか、すみません、また調べないと判断できかねるので、

K：そうですか。それでは、また調べていただきますが、問題点は、

①都市計画法七十条の問題　旧法下の決定に基づいて事業化しようとする場合には土地収用

法の事業認定が必要になるじゃないかという問題

②都市計画法六十六条の「意見の聴取」だけで憲法三十一条を満たしているか、という問題。

私は、意見書の提出、及び意見書を踏まえた審議会における審議が必要だと思うんですけど、それが必要かという問題。

N：はい、わかりました。

二〇二〇年五月二二日

N：私、国交省都市計画課のNですが。すいません、ご連絡が遅くなりまして。当初のお問い合わせの内容をもう一度確認したいんですが。旧法下で都市計画決定なされた事業の認可について適正手続がなされていないのではないか、ということを問題として認識されているということでよろしいでしょうか。

K：はい。旧法下で決定され、新法下で事業認可された事業についてということですね。

N：私のほうでもいろいろ判例とか当時の制定理由とかを調べてみたんですが、基本的に判例におきましては、住民の意見の反映に関しては、都市計画審議会というものを重視しているわけなんですね。それに関しましては、旧法下でも都市計画審議会がございまして、地元の事情をよくわかっていらっしゃる議員とか市長さんとかもっと第三者的な方とかが参加しておられて、そこで地元の意向を反映することができていたのではないか、というのが私どもの立場です。

K：そうですか。要するに審議会で審議しているということですね。広島の判例はご覧になりました？

N：うんと。すいません、どの判例でしょうか。

K：大竹市の都市計画道路に関してですが。ご存知ない？

N：知らないですね。

K：そうですか。えーと。Nさん、メールアドレスを教えていただくわけにはいきませんかね。

N：申し訳ございません。できるだけ口頭でのやり取りをいたしたいところなんですが。

K：判例検索のサイトがありますよね。[注11]

N：いま開いております。

K：そうですか。そこで「適正手続」と「都市計画決定」で検索すれば、たぶん出てくると思いますが。

<以下、中断>

K：どういう判決かといいますと、「審理不尽」、審理が尽くされなかったという判決なんです。番号が〇一六三〇二です。

N：平成六年（行コ）第四号ですか。

K：そうそう。それと（行コ）第五号の二つありますけど。地裁判決と高裁判決があって、簡単に言うと地裁判決は「審理不尽で憲法三十一条違反」、「審議会は開かれたけれども、そこで権利者の権利に関する審議がなされなかったから適正手続違反である」、高裁判決は「どれぐらい審議するかは審議会の裁量に属するから、適正手続違反とまでは言えない」というもの。いずれにしろ、権利者の権利に関する審議がないと適正手続違反、という判決です。

それからもう一つ参考になるのが、番号で言うと〇一五〇八九。これは東京高裁平成一五年一二月二八日判決です。概要は、「事業認可の際には適正手続はないが、決定の際に適正手続が採られるので憲法三十一条違反には当たらない」。要するに、新法下で決定され、事業認可がなされる道路で、事業認可の際に適正手続がないことは認められていて、しかし、決定の際に適正手続が採られるので憲法三十一条違反には当たらない、という判決です。

N：うーん。はい。とりあえず、そういった判決が出されているということは、こちらとしても承知いたしました。

K：そうですか。二つの判決を読んでいただいたうえで、そのうえで話し合いませんかね。

N：わかりました。都市計画審議会というのが広島の判例で、審議会での審議が適正になさ

注11　判例検索のサイトは、次のとおり。https://www.courts.go.jp/app/hanrei_jp/search1

れていなかったということ、審議会自体の話というより、広島で行なわれた審議会の問題ということでよろしいですか。

K：そうです。これは新法に基づく審議会だったんですが、要するに財産権侵害みたいなことはないのか、という意見に対して、都市計画課長が意見書の中にはそのような記載はないとか、私権制限の問題は一切生じないなどと答弁した、と判決に書いてあります。

だから、これは新法下でのことですけれども、旧法下では審議会は開かれますけれども、意見書の提出はないですよね。

N：うーん。

K：意見書について審議するということが（新法の審議会で）一番大事なことで、それが旧法ではないんですよね。

N：あー、なるほどなるほど、わかりました。そこに問題意識を持たれているということですね。

K：そうです。そして、この判決は私の見解を裏付けているということです。

課長が「私権制限の問題はない」と答弁したことが間違いだったということ、だから審理不尽で適正手続に違反するというのが地裁判決。

それに対して、高裁判決は、どの程度審議するかは審議会の裁量に属するということで適法にはしているんですけど、旧法下では意見書の提出は一切ありませんから、審理不尽どころか、審理されていないんですよ。

N：はいはい。

K：利害関係人の意見書に対してですね。意見書自体がないわけですから。だから、単に審議会が開かれたというだけではだめで、そこで財産権の侵害、意見書について審議されたかということが問題だと思いますけど。

それともう一つ、付け加えて言えば、財産権の侵害について審理を尽くすということが大事なことで、都市計画の手引きみたいなものを出されているでしょ、あ、運用指針[注12]。

N：ありますね、はい。

K：第十版を見たら、そこに、手続を省くのは財産権の侵害になると、だから決して省いてはいけませんよ、と書いてある。条例でのことですけど。

三一七頁ですが、下から三分の一くらいの所に「都市計画法上の手続は、国民の財産権が一方的に侵害されないよう担保するための最低限の手続であることから、条例によって手続を簡素化することは許されないと解すべきである」と書いてある。

N：そうですね。

K：ご存知ですよね。

注12　正確には、国交省「第十版 都市計画運用指針」（インターネットで入手可能）

N：はい。

K：ということは、手続を省くと財産権を侵害するということですよね。これは憲法二十九条違反になりますよね。審議会における財産権侵害に関する審理抜きに手続を進めたら、財産権侵害になる、憲法二十九条違反になるということだと思うんですけど。[注13]

N：わかりました。そうしたら、そのことも先ほどの二つ（の判例）と共に検討していくといった形でよろしいでしょうか。

K：はい。

N：わかりました。そんな感じで宜しくお願いします。

二〇二〇年六月一二日

N：お電話、代わりました。Nです。

K：どうも。判例などお読みいただけました？

N：はい。確認いたしまして、何といいますか、結論から申しますと、国交省としては、適切に運用されているか、地方自治体が決定から認可に至るまで適切に運用しているか、というところを確認していくとともに自治体に適切に指導していく、というご回答になってしまいまして、個々の事例において、それが適法か違法かについては自治体のほうにお問い合わせいただく、ということになってしまいます。

K：しかし、自治体に問い合わせたら、法解釈については国のほうに任せてありますみたいな対応をされるんですよ。そうすると、やはり国として適法か否かの判断をされることが必要になると思うんですけれども。

N：国としては、当然、適法という運用をしておりますけれども、法に違反している行為が自治体にあった場合には、何らかの形で争っていく、ということになるかとは考えております。

K：適正手続が必要だということはお認めになりますよね。憲法三十一条に基づいて。

N：まあ、その、そこに関しても、都市計画の全体に関して、字句どおり適用されるかといった所はございますけれども、その趣旨がといったところでは必要になってきているところではあるとは考えております。

K：東京高裁の判決、お読みになったと思いますけれども。

N：はい。

K：これは要するに、事業認可に当たっては適正手続がないけれども、決定の際に適正手続を採っているから、という主旨ですよね。

N：はい。

注13　最高裁大法廷昭和三七年一一月二八日判決は「所有者に、告知、弁解、防禦の機会を与えることなく所有権を奪うことは、適正手続によらないで財産権を侵害することにほかならず、憲法三十一条及び二十九条違反である」旨、判示している。

K：判決の主旨は、お認めになりますよね。同意されますよね。
N：はい。
K：広島の大竹市の地裁・高裁の判決では、審議会において意見書をめぐっての審理が必要だ、というところまでは認められますよね。審議会において審理することが必要だ、ということ。
N：そうですね。
K：ただ、その程度ですね。どの程度まで審理する必要があるかは、裁量によるというのが高裁判決、ということになってますよね。
N：はい。
K：そうすると、前回、旧法の下で審議会で審理したから、と言われましたけれども、そうはならないですよね。意見書を踏まえないわけですから。
N：それは仮に、当時の都市計画法に基づいて適法に審議会で審理されていたとしても、ということですか。
K：旧法下では、利害関係人からの意見書の提出はないですから。それを踏まえない審理ですから。
N：うーん。
K：しかもですね。七十年前の審理なんですよ。七十年前に審議会で審理したからといって七十年後の現時点で適正手続を踏んだということにはならんでしょ。

N：うーん。

K：だって、権利者だって変わるんですもん。

N：うーん。…と。そうですね。あの、ま、具体的な案件について、それが適法か違法か、というところに関しましては、そのほかのいろいろな要件がございますから、もちろん、私どものほうで、それが適法か違法かということはできないんですけれども。

K：いま七十年前と言いましたけれども、新法が昭和四三（一九六八）年ですね。

N：そうです。

K：で、施行が昭和四四（一九六九）年、翌年ですかね。もう五十年以上前ですよ。だから、先ほど七十年前といいましたけど、それは長めのほうであって、でも少なくとも五十年以上前なんですよ。五十年以上前に審理したからといって、意見書もないし、それで適正手続を踏んだなんて、とてもじゃないけど言えませんよね。

N：うーん、その、なんでしょう、それが適法か否かは、裁判所のほうで判断してもらうことでもございますし、私どもとしては「適法に運用している」としか申し上げられないんですけど。

K：「適法に運用している」というのは、個々のケースに応じて判断することであって、必ず適法とまでは言われていないですよね。

N：うーんと、何でしょう、七十年前に行なわれた審議会の実態であるとか、あるいは審議会のほかに何らかの形で適正な手続を担保する仕組みがなされていたのであれば、適法ということになりますし。

K：公聴会もないし、意見書の提出もないですよね。審議会はありますけど、意見書の提出を踏まえない審理ですよね。

N：うーん、まあ、あの書類によって、公聴会とか審議会とかの内容も適正手続が採られたか否かの要素には。

K：旧法下では公聴会は開かれないんですよ。

N：そりゃそうですね。

K：その手続を踏んでるわけないじゃないですか。審議会はありますけど意見書は出されないんですよね。

N：はい。

K：意見書のない審理だけなんですよね。

N：うーん。

K：それで適法になる可能性はない。

N：うんと、まあ、あの…というのは熊本様のお考えということで。

K：そうなんだけど、別にNさん個人を責めてるわけじゃないんですよ。憲法違反の、適正手続無しの手続が行なわれていたら、それは国民にとっては財産権の侵害になるわけですから。あなたの先輩たちがそれに気づかないで違法状態が続いていたということだと思うんですが。

それはそれとして違法状態がこれ以上続くというのは問題ですから、やはり何らかの手を打っていただきたいということでお話してるんですけど。

N：……（無言）。

K：それともう一つ、運用指針のほうで、最低限の手続を規定しているので手続を省くことは財産権の侵害になる、というところもお読みになりましたよね。

N：そうですね、はい。

K：ですから、旧法に基づいて意見書を踏まえない審理だけで事業化したら、憲法三十一条違反だけでなくて二十九条の財産権侵害にもなる、と思うんですが、その点は如何でしょうか。

N：うんと、そうですね、……（無言）

K：ま、今日のところは、私の方から見解をお話しして、私は論拠を示してますよね。東京高裁判決と広島地裁・高裁判決と運用指針と。論拠を示したうえで申し上げているわけですが、Nさんのほうでそれに反論されるならば、何らかの判例などの根拠を示していただいて反論していただければ、と思うんですけど。

一応、そういうことでよろしいでしょうか。

N：はい、わかりました。

K：じゃ、そういうことで。また、根拠が見つかったらご連絡いただきたいと思いますし、私からも機会を見てお電話することがあるかと思いますが。

N：はい、わかりました。

K：じゃ、そういうことで。

N：宜しくお願いいたします。

K：はい、どうも御免下さい。

終了

以上のやり取りから、旧法下での決定に基づき、新法下で事業化することは適正手続を欠いた違法行為であること、いいかえれば、都市計画法施行法第二条を根拠に適正手続を省いている都市計画事業は憲法三十一条違反であることは明らかになったといえるでしょう。

ちなみに、N氏とのやり取りで援用した判決は、次のとおりです。

○東京高裁平成一五年一二月一八日判決（抄）　事件番号：平成一三（行コ）二三四

事業認可の前提となる都市計画の段階では、都市計画を決定する都道府県知事又は市町村は、都市計画の案を作成しようとする場合において必要があると認めるときは、公聴会の開催等、住民の意見を反映させるために必要な措置を講ずるものとされ（法十六条一項）、また、都市計画を決定しようとするときは、その旨を公告するとともに、当該都市計画の案を公衆の縦覧に供しなければならないものとされ（法十七条一項）、上記公告があったときは、住民や利害関係人は、都市計画の案について、意見書を提出することができるものとされる（同条二項）など、認可に至るまでに、事業地内の不動産について権利を有する者が事業の前提となる都市計画について意見を述べる機会が与えられていること等にかんがみれば、事業認可に当たり、事業地内の不動産について権利を有する者に対し事前に告知、弁解、防御の機会を与える旨の規定がなくとも、これをもって、憲法三十一条の法意に反するものということはできない。

○広島高裁平成八年八月九日判決（抄）　事件番号：平成六（行コ）四

次に、一審被告広島県知事が、Aの提出した意見書について恣意的な取捨選択に基づく要旨の記載をしたため、本件における都市計画地方審議会において、Aが提出した反対意見の提出経過等についての議論がなされず、一審原告らの土地建物の収用問題についての実質的な審議もなされなかったから、右審議手続には重大な違法があるとの点について検討する。

請求原因3（二）（2）の事実のうち、本件変更決定の変更手続の過程において、Aが一審被告広島県知事宛に本件変更決定に反対する旨の意見書を提出したこと、昭和五一年三月二三日開催の第五五回広島県都市計画地方審議会において、審議員に右意見書の要旨が配付されるとともに、一審被告広島県知事側の事務当局（広島県都市計画課長）が本件変更決定の必要性に関する見解を述べたが、それ以上の質疑応答はなされないまま、本件変更決定をすることが適当である旨の答申がなされたことは当事者間に争いがない。

また、成立に争いのない甲第二号証、乙第一二号証、第四〇号証、第五一号証、弁論の全趣旨により真正に成立したものと認められる乙第六三号証及び証人D（原審）の証言によれば、〈中略〉

右認定事実によれば、本件における都市計画地方審議会において、Aの反対意見の提出の経緯や一審原告らの土地建物の収用問題が十分に審議されたとはいい難いが、審議会に提出された意見書の要旨それ自体は概ね適切に作成されており、その要約が不十分であるということはできないし、審議会における審議において、一審原告らの土地建物の収用問題が特に議論されなかったのも、一審原告らの土地建物の収用問題に関する議論が意図的に回避されたためではなく、審議会が右の点についての詳細な審議をするまでもなく、本件変更決定を行うことが適当であるとの判断に達したためであって、審議会における審議が不十分であったわけではないことが認められる。

もちろん、Aが本件変更決定によって最も重大な影響を受ける立場にあり、本件変更決定に強い反対意見を有していたこと、都市計画地方審議会は、利害関係人の権利、利益の保護を図ることのできる唯一の機関であること等を考慮すれば、都市計画地方審議会が個々の利害関係人の権利、利益の保護を直接の目的として審議を行うものではないとしても、一審被告広島県知事の事務当局において、Aが反対意見を提出するに至った経緯や土地建物の収用問題をもう少し詳細に説明することは可能であり、かつ、相当でもあったと考えられるが、審議会が個々の利害関係人の土地建物の収用問題についてどの程度の審議をするかは、審議会の裁量に属する事柄と解すべきであって、本件においては、審議会が右の点について前記程度の審議で足りるとして判断した以上、審議会の右審議手続に審理不十分な点があったとまでは認め難いというべきである。

したがって、本件における都市計画地方審議会の審議手続には審議不尽の瑕疵があるから違法であるとの一審原告らの主張は理由がない。

○広島高裁平成八年八月九日判決の広島地裁原判決（抄）　事件番号：昭和五九（行ウ）一一

(三)　右認定の事実の他、前記3で認定の本件変更決定に至る経緯を併せ考えると、右審議会においても、原告らの土地建物の収用問題について当然言及があってしかるべきであり、また、同課長が右問題を知らなかったとは思われないから、同人は右の点について議論を避けるような著しく誠実さを欠く答弁をなしたと見るほかない。この他、前記3で認定のとおり、変更の根拠の合理性には多々疑問がある（特に、市施行区間の用地補償費の軽減の点は明らかな誤りである。）にもかかわらず、変更が適当であることについて概括的な説明しかなされていないことも考えると、右審議会の審議手続において審理不尽等の違法があると言わざるを得ない。

また、右審議会において、仮に同課長が原告らの土地建物の収用の件等や本件変更決定に至る経緯につき誠実に答弁していたならばその結論がどうなったかは定かでないと考えられるから、右審理不尽は取消事由を構成すると解すべきである。

〈中略〉

六　結論

以上のとおり、本件変更決定及びそれに引き続く収用裁決は、その余の点について判断するまでもなく、違法であると言わざるを得ない。

電話録音記録に示されているように、N氏は、事前に国交省都市計画課内部での打ち合わせにおいて合意を経たうえで応対していたものの、打合せで想定していなかった判例や文献を示され、内部での合意を超えたやり取りを迫られて、随所で回答に窮することとなりました。回答に窮して無言になったのは、その前後の脈絡から、私見を認めざるを得なくなったためであることが読み取れます。都市計画法施行法が制定されて半世紀以上経っている今日、同法第二条が違憲であることを認めると、半世紀以上の国交省の責任が問われる一大事になりますので、とうてい認めるわけにはいかず、回答に窮したものと思われます。

しかし、二〇二〇年六月一二日の「国交省としては、適切に運用されているか、地方自治体が決定から認可に至るまで適切に運用しているか、というところを確認していくとともに自治体に適切に指導していく」という回答は、旧法下で決定され、違法に事業化されている都市計画道路に苦しむ住民にとって、大きな意味を持つものです。この回答を得た後、筆者が担当している西荻窪、阿佐ヶ谷、及び武蔵野市の個別事例をN氏に知らせ、今後、事業者が強引に事業を進めるようなことがあれば、国交省による指導を要請します、と伝えてあります。

3　「権利者の会」の結成

学習会をふまえ、武蔵野市女子大通り反対の住民運動団体「女子大通りを考える会」では、二〇二〇年三月に会を再結成することとし、①土地の測量や用地交渉に決して応じないこと、②どのような書類であっても決して署名捺印はしないこと、③行政側が個別交渉に現れたら「女子大通りを考える会」が交渉の窓口であると伝えること、を沿道住民に訴えるとともに、規約を作り、会員登録（兼委任状）を住民から集めました。

規約には、会の名称、所在地、目的、入会・退会の方法（入会は随時、退会は自由）、役員の選任方法と定数、会の活動等が記されています。[注14]

規約を持った任意団体を創れば、行政もそれを尊重せざるを得なくなり、任意団体が交渉の窓口であることを行政に伝えれば、個別交渉に応じなくても済むようになります。行政の狙いは、個別交渉を進めて反対住民を個別に切り崩していくことですが、任意団体は、いわば、それを防ぐ防波堤あるいは盾の役割を果たすことになります。

西荻窪補助一三二号線の場合には、住宅街を通る武蔵野市女子大通りと違って、店子（借家人）の商店が多かったことや団体交渉の意義を明確にする必要があったこと等から、規約づくりには時間がかかりましたが、借家人に対する補償[注15]を説明したり、任意団体による交渉（団体交渉）のテーマと意義を次のように説明したりすることで規約についての理解が得られ、二〇二〇年九月に「一三二号線拡張に反対する沿道住民の会」が結成されました。

○団体交渉のテーマ

1　事業の必要性

2　事業の法的根拠

3　西荻のまちづくり

○団体交渉の意義

団体交渉を設けることにより会員の皆さんには次のようなメリットがあります。

①区の用地交渉の要請に対し、「団体交渉をつうじて納得がいくまでは用地交渉に応じない」と言える（団体交渉を盾にできる）。

②団体交渉をつうじて区に対して意見を言える。

③団体交渉をつうじて本事業のメリット・ディメリットを知ることができる。

団体交渉は、個々の権利者が個別交渉に入ることを制限するものではありません。団体交渉をつうじて、区の説明に納得がいくようになれば、会員は、いつでも個別交渉に入れます。個別交渉に入ったからといって、退会しなければならないことはありません。入退会はあくまで自由です。

それでも、事業に納得できないのに強引に個別交渉を強いられることを防ぐうえで会を創ること及び会による団体交渉を設けることは必要であり、かつ大きな効果を持つのです。そのことを「団体交渉の意義」①〜③により明確にしたことで、「一三二号線拡張に反対する沿道住民の会」が軌道に乗ったと思われます。

4　マンションでは共有地売却に区分所有者全員の同意が必要

西荻窪では、マンション居住者からの問い合わせを受け、マンション居住者が如何に道路拡

注14　任意団体の規約は、団体がどんな団体であるかを公に示すものだが、特にこれ、という形式はない。法人の場合は「定款」として法律上記載しなければならない内容が規定されているが、任意団体の場合は、その団体の活動内容に合わせて自由につくることができる。通常は、団体の名称、主たる事務所の所在地、団体の目的、活動内容、会員についての規定、総会についての規定等を記すことが多い。

注15　要綱二十八条の二に「借家人に対する補償」が定められている。借家権は建物に関する権利であって土地に関する権利ではないので、土地収用法の収用の対象にはならない。

張に反対できるか、を調べて説明しました。

マンション敷地の権利は、原則的に専有部分との分離処分が禁止されています（区分所有法二十二条一項）、また区分所有者の共有である敷地の一部を施行者に提供するには分筆の手続が必要です。一つの土地所有権の一部を売却することはできず、その一部を分筆して新たに一つの土地所有権をつくっておいて（二つの土地所有権に分割して）、それを丸ごと売却するという手続が必要なのです。

したがって、マンション敷地の一部を施行者に売却するにあたっては、次の①及び②が必要となります。

①分離処分の禁止を解くための総会決議（特別決議[注16]）

②共有者全員の合意による敷地一部の分筆[注17]

②には共有者全員の合意が必要ですから、マンションの区分所有者に分筆に反対する人が一人でも居れば、分筆はできず、したがってマンション敷地の一部を道路に提供することもできないことになります。

問い合せをされたマンション居住者に①、②を知らせることで、マンション敷地が道路に提供されることを未然に防ぐことができました。

結果（途中経過）

武蔵野市の「女子大通りを考える会」には、二〇二〇年九月頃までに沿道地権者のうち約七割もの地権者が加入したそうです。これでは事業を進めることは不可能です。事業者の東京都も都に拡幅を要望した武蔵野市も事業を進める気を失くしたようで、今や何の動きもありません。

西荻窪の「一三二号線拡張に反対する沿道住民の会」にも、事業を進めることが不可能に近い割合の沿道権利者が加入したそうです[注18]。事業者の杉並区は、二〇二〇年四月七日に都の認可を取得し、二〇二〇年一一月に地権者等の権利者への説明会を開きましたが、その後、オープンハウスやまちづくり懇談会のような会合は開いているものの、用地交渉を進める動きはほとんどありません[注19]。

注16　管理組合の総会における決議方法には「普通決議」と「特別決議」がある。議決権は各区分所有者が有し、普通決議は区分所有者の半数以上の出席のもとに議決権の過半数で決議する。特別決議は、より重要な案件についての決議で、区分所有者の四分の三以上の出席のもとに議決権の四分の三以上の賛成で決議する。

注17　民法二百五十一条は、共有物の変更に共有者全員の同意が必要である旨規定している。

注18　「西荻窪の道路拡張を考える会」のブログのURLは次の通り。https://blog.goo.ne.jp/ndk

注19　杉並区の補助一三二号線についてのお知らせは、次のサイトに記載されている。https：//www.city.suginami.tokyo.jp/guide/machi/toshikeikaku/1059023.html

阿佐ヶ谷の補助一三三号線は、道路拡幅どころか、住宅地の真ん中を貫通する計画ですので、住民団体「補助一三三号線を反対する会」[注20]の結束を保ち、個別交渉での切り崩しを防げていけば、事業化は不可能です。

Q&A

——朕が公布した旧都市計画法が昭和四四年まで施行されていたのですね。

新都市計画法の成立は昭和四三年六月一五日、施行が昭和四四年六月一四日ですから、旧法は昭和四四年六月一三日まで施行されていたことになります。

戦後、約二十年以上も、朕が裁可し、国が都市計画を決めるとしている旧法が施行されていたとは驚きです。

私が東京大学工学部都市工学科都市計画コースに進学したのは昭和四五年ですから、その前年まで旧法が施行されていたことになりますが、大学で旧法の権力的体質についての批判を聞いたことはありません。都市計画法に関する講義も皆無でした。当時、東大闘争で「帝国主義大学」と批判されたのも無理からぬことです。

都市計画は、行政の内部で、あるいは行政と連携して行なわなければならないので、権力に批判的な視点を持たない人たちが担い、都市計画を学ぶ学生にも批判的視点を持たせないようにしているのでしょう。原子力村と同じような都市計画村があるように思います。

――「適正手続の欠如」に気づいたきっかけは何だったのでしょうか？

住民の方々が口々に「寝耳に水の話だった」と言われていたので、「告知・聴聞の機会」はなかったのではないかと思って尋ねてみたところ、なかったということで気づきました。

店子の殆どは都市計画決定を知らないまま、中には、かなりの内装費を負担して引越してきたばかりの店子も居たようです。

「告知・聴聞の機会」が必要であることは、松山空港埋立に関する判例（松山地裁昭和四三年七月二三日決定[注21]）をつうじて知っていました。大学の中だけで、あるいは専門領域の中だけで研究していたら知らなかったことで、埋立問題で漁民をサポートしてきたからこそ身につけた知識が都市計画道路でも役に立ったということです。

――都市計画道路をめぐっては今まで多くの反対運動があったのに、何故、「旧法下の決定↓事業化」が憲法三十一条違反であることに気づかなかったのでしょうか？

都市計画道路問題に関わったのは初めてなので推測になりますが、一つには、学者や弁護士

注20　同会のホームページURLは次のとおり。http://www.route133.info/

注21　埋立施行区域に漁業権を有する者がいる場合には、その者に告知・聴聞の機会を与えることが要請されるところ、その機会が与えられていないから本件埋立承認処分は憲法三十一条に違反する疑いがある、とした決定。

も、権力を相手に闘った経験の乏しい人は、憲法三十一条違反に気づかないからでしょう。
もう一つの理由は、都市計画法施行法第二条で誤魔化されていたからではないでしょうか。よく考えれば、どんな法律が制定されようと、憲法九十八条で「憲法の条規に反した法律は無効」とされていますから、新憲法施行後には必ず適正手続が保障されなければならないことは明らかです。

――憲法三十一条違反に関して国と論争したのは何故ですか？

杉並区と論争しようとしても、法律論争は国との間で勝手にやってくれ、という姿勢でしたし、法律論争には市町村や都道府県よりも国のほうが応じることは、埋立問題等をつうじて知っていましたから。
市町村や都道府県は、自分で考えようとしないで、国の見解を伺う習性が染みついていますので、国さえ論破すれば、市町村や都道府県に対しては、国に指導を要請すればいいですから、国と論争したのです。

――パブリックコメント（意見公募手続、略称「パブコメ」）は聴聞には当たらないのでしょうか。

パブコメは、行政手続法で義務付けられた制度ですが、広く一般の意見を公募する手続であり、財産権の侵害を受ける者に弁明したり、反論したりする機会を提供するものではありません。意見のまとめ方、受け止め方も行政が自由に決められますし、意見が審議会に諮られることもありません。

このように、パブコメは聴聞には程遠い制度であり、パブコメを実施するからといって聴聞の機会を設けない理由にはなりません。

――東京都以外でも憲法三十一条違反の事例はあるのでしょうか。

いくつかの都道府県から聞き取りをしましたが、東京都ほど明確に憲法三十一条違反を犯しているところは、ほかにはありませんでした。

北海道や鹿児島県では、旧法下で都市計画決定された道路は存在しないとのことでした。茨城県では、旧法で都市計画決定した道路については新法に基づいて改めて決定し直しています。宮城県では、旧法下で決定した都市計画道路について、新法に基づいて少なくとも一回は変更の手続を採っています。新法には適正手続の規定がありますから、新法に基づいて決定し直したり変更したりすれば、適正手続は保障されるわけです。

ただし、認可の際に、丁寧に説明し、住民からも意見を聴く、とした県もあります。決定された計画を前提とし、不変としたうえで説明したり意見聴取をしたりしても適正手続を踏まえたことにはなりませんから、東京都以外でも憲法三十一条違反を犯している可能性はあると思います。

とはいえ、現在では全国的に都市計画道路の見直しが進められています。

都市計画道路は、戦後の復興期（昭和二十年代初め）と都市の拡大が見込まれていた高度成長期昭和四十年代に計画決定されたものが多くを占めており、その後の人口減少や低成長などの社会経済情勢の変化から、必要性のなくなった都市計画道路が少なくありません。そのため、近年では都市計画道路を如何に見直すかが全国的な課題となっており、国交省も、その動きを受け止めて「都市計画道路見直しの手引き（総論）」（二〇一七年七月）を出し、見直しの方針を明確にしているのです。

国交省が見直しの方針を出したのも、多くの自治体がガイドライン策定をつうじて都市計画道路の見直しを始めたからです。「都市計画道路見直しの手引き（総論）」に掲載されている全四十七都道府県のガイドラインのタイトルを整理すると次のようになります。[注22]

①「見直し」を含むもの：北海道、青森、岩手、宮城、秋田、山形、福島など四十二都道府県

②「検証」を含むもの：栃木県、福岡県の二県

③「再検証」を含むもの：静岡県

④「再検討」を含むもの：茨城県

⑤例外：東京都「東京における都市計画道路の整備方針（第四次事業化計画）」

①〜⑤に示されるように、全国的に都市計画道路の見直しが進められているなか、タイトルに「見直し」、「検証」、「再検証」、「再検討」という言葉を含まず、「整備方針」を掲げて事業化を推進しているのは東京都だけです。しかも、東京都の「ガイドライン」として記されている第四次事業化計画（二〇一六年三月）こそが、旧法下で都市計画決定されたまま五十年以上眠

っていた都市計画道路の事業化を、住民の意見を聞く機会を全く設けないまま進める契機になった計画なのです[注23]。

要するに、東京都は、国や他の道府県が都市計画道路を見直す方針を掲げているなか、唯一、逆に事業化を積極的に進める方針を掲げているのです。

ですから、憲法三十一条違反の都市計画道路事業は、東京都以外にもあると思いますが、東京都に特に多いことは間違いないでしょう。

――なぜ東京都では見直しに逆行して事業化する動きが出ているのでしょうか。

役所が作る再開発計画等は、役所が自ら作るのではなく、実際にはゼネコンが作っていると言われています。初めは住民主体で再開発案作りを始めておきながら、途中からゼネコンが入ってくることも多いようです。役所がゼネコンに丸投げしているどころか、役所がゼネコンの下請け化しているのです。

ゼネコンは、ゼネコンが儲かるような計画を作りますから、駅近の場所にタワーマンションを建てるような再開発計画[注24]を立てます。それに伴い、道路の拡幅も必要になってきます。そう

注22　同書5～8頁の「表1　都道府県の見直しガイドライン一覧」に掲載されている。
注23　本書でとりあげた西荻窪、阿佐ケ谷、武蔵野の事例は、いずれも第四次事業化計画で優先整備路線に指定されることにより、眠っていた計画の事業化が始まった事例である。
注24　建物内に公共施設を入れて税金を注げるようにし、税金でゼネコンを儲けさせるような仕組みも増えている。

した再開発の旨みがあるのは大都市ですから、東京で事業化の動きが出るのでしょう。加えて、大都市になればなるほど、行政が地域住民から離れ、建設業者と癒着する傾向が強いように感じます。役人も、大都市になればなるほど、特権意識が強くなるとともに縦割り行政のなかで自分の属する課の利益や自分自身の利益しか考えられなくなっていくのでしょう。[注25]

――反対住民の会を創り、個別交渉を行なわないで団体交渉を持つ、という方針ですが、団体交渉を何度も開くのは住民にとって負担が重いのではないですか？

団体交渉を設けることのメリットは、それによって個別交渉をつうじての切り崩しを防げるという点です。

団体交渉といっても大勢集まってやる必要は必ずしもありません。住民から委任された数人だけでやってもいいのです。[注26]肝腎なのは、交渉内容を絶えず住民に還元して共有することです。

――店子も沿道権利者の会に入れますか？

店子（借家人）は借家権を持っていますし、商売を営んでいる場合には、さらに営業権を持っていますから、当然、沿道権利者に当たります。

要綱では、借家人に対しては、借家権に対する補償ではなく、「新たに借家をするための一時金」と「従前家賃と新規家賃との差額」の合計額を補償することとしています。[注27]

借家権は、建物に関する権利であって、土地に関する権利ではないので、土地収用法に基づく収用・使用[注28]の対象にはなりません。したがって、施行者と土地所有者及び建物所有者との協議が調い、借家人との協議が調わないからといって、借家人のみを相手として収用手続をとることはできません。この場合、土地に関する権利を有する者（土地所有者又は建物所有者）を伴連れにしなければ、収用手続をとることはできません。[注29]「伴連れの収用」を回避するためには、大家（建物所有者）が借地借家法に基づいて借家人に退去を求めなければなりません。大家が借家人に退去を求める場合の要件は、契約解除の申入れを退去期限の六カ月以上前に行なうこと（借地借家法二十七条）、及び退去を求めるための正当な事由があること（同法二十八条）です。

営業権に対する補償としては、要綱で、営業廃止の補償、営業休止等の補償、営業規模縮少の補償が定められています。[注30]

――行政が団体交渉に応じない場合には、どうすればよいですか？

行政が住民に頭を下げて事業への協力をお願いしなければならないのであって、住民が行政にお願いしなければならないわけではないのです。

注25　筆者が築地市場問題に関わるなかで東京都の役人について痛感した点である。

注26　福島中間貯蔵施設計画で門馬好春氏が二、三人の団体交渉で大きな成果を挙げておられることを参照。

注27　要綱第二十八条の二。

注28　特定の公共・公益事業のために事業者が他人の土地等を取得することを「収用」といい、一定期間使用することを「使用」という。

注29　小澤道一『土地収用法（上）』、一三二頁。

注30　要綱第三十一条～第三十三条。

行政が団体交渉に応じなければ、何もしなくていいのです。何もしないで困るのは、住民でなく、事業を進められなくなる行政ですから。

――反対住民の会を創っても、事業認可は出されるのではないですか？

武蔵野市女子大通りでは、反対住民の会に沿道権利者の七割もの方々が入ったので、認可は出されないまま、遠からず計画が凍結されるでしょう。

西荻窪補助一三二号線では、反対住民の会が結成された二〇二〇年九月よりも前の二〇二〇年四月に認可が出されました。

認可を防ぐには、会をなるべく早く創るほうが、またできるだけ多くの権利者に加入してもらうほうがよいことはいうまでもありませんが、認可が出されても、事業実施を防ぐことは充分に可能です。

「事業者と公の関係」において免許や許可や認可が出されると、住民は事業実施が避けられないと思って反対をあきらめる事例がしばしば見受けられますが、「事業者と公の関係」は、いわば仲間内のズブズブの関係なので、事業実施のうえでのハードルにはほとんどならないのです。

事業者にとってのハードルは、「事業者と民の関係」です。「事業者と民の関係」において権利者の同意が得られ、補償がなされなければ、収用という強権的手法によらない限り、事業は実施できないからです。[注31]

「事業者と公の関係」における免許や許可等は、「事業者と民の関係」において住民をあきらめさせ、印を押させるための「外堀を埋める行為」の性格を持つのです。

都市計画事業における「事業者と民の関係」は用地交渉です。用地交渉をつうじて権利者が同意し、補償契約に印を押さなければ、都市計画事業は基本的に実施できないのです。

——認可が出されれば、権利者に制限がかかるのではないですか？

認可が出されても従前どおりの生活を続けることは可能ですが、認可の告示がなされた後には、新たに「土地の形質変更[注32]」、「工作物の建設」、「移動の容易でない物件の設置[注33]」を行なおうとするときには、都市計画法六十五条一項に基づき知事の許可が必要になります。

しかし、都市計画決定以降には同法五十三条に基づく建築制限が既にかかっているため[注34]、認可によって新たにかかる制限は「土地の形質変更」と「移動の容易でない物件の設置」であり、いずれも極めて頻度の低いものですから、実質的な制限はほとんど変わりません。

注31　ただし、「都市計画事業の認可」が告示されると、建築制限がかかったり、土地建物を売却する場合に施行者に届け出を出さなければならなくなったりする等の制限がかけられることになる。
注32　「土地の形質変更」とは土地の形状を変更する行為全般のことで、宅地造成、土地の掘削、盛土等の行為が該当する。
注33　「移動の容易でない物件」は、政令で、その重量が五トンを超える物件（容易に分割され、分割された各部分の重量がそれぞれ五トン以下となるものを除く）とされている。
注34　建築物の建築をしようとする者は知事等の許可を受けなければならないと規定されている。

以上のように、決定や認可の後には一定の制限が加えられることとされていますが、「旧法の決定→事業化」のように適正手続を経ていない都市計画事業の場合には、憲法三十一条に基づき、決定や認可の無効を主張することもできるし、決定以降にかけられてきた建築制限の責任を問うこともできると思います。

――団体交渉で補償額の交渉も行なうのですか。

事業者の説明に納得がいくようになれば、会員は、いつでも個別交渉に入れます。補償額の交渉は個別交渉で行なうことで、団体交渉では行ないません。

ですが、個別交渉に入ったからといって退会しなければならないことはありませんので、補償額の算定方法に関しての事業者の説明に疑問があれば、会に問い合わせることはできます。

――認可された後にも土地を売却することは自由ですか。

認可後には、施行者[注35]が土地建物を先買いできる制度(都市計画法六十七条)があります。すなわち、認可の告示の翌日から十日経過した後に土地建物等を売却する場合には、当該土地建物等、予定対価の額及び売却の相手方等の書面を添えて施行者に届け出なければならず、施行者は、届出から三十日以内に当該土地を予定対価の額に相当する代金で買い取ることができることになっています。届出から三十日経過しても施行者が買取りをしない場合には、予定していた相手方に売却できることになります。

また、逆に、権利者のほうから、施行者に対し、当該土地を時価で買い取るべきことを請求することもできることになっています（都市計画法六十八条）。

ですから、売却の相手方に制限がかかるものの、売却できることには何の変りもありません。

――「事業者と民の関係」で地権者の同意が得られなければ、収用の手続を採るのではないですか？

任意交渉で地権者の同意が得られない場合、収用に移ることは可能ですが、収用に移ったからといって地権者にマイナスになることはありません。

決定や認可の後には建築制限がかかり、地価が下がることがありますが、建築制限に伴う損失に対して、憲法二十九条三項に基づく損失補償は、通常、支払われません。多くの判例は、「建築制限に伴う損失は受忍限度内」として損失補償を支払う必要はない、としています。ただし、最高裁平成一七年一一月一日判決では、同様の判示をしているものの、「受忍限度を考えるに当たっては、制限の内容と同時に、制限の及ぶ期間が問題とされなければならないと考えられるのであって、本件における建築制限のように、その内容が、その土地における建築一般を禁止するものではなく、木造二階建て以下等の容易に撤去できるものに限って建築を認める、という程度のものであるとしても、六〇年をも超える長きにわたって制限が課せられている場合に、この期間をおよそ考慮することなく、単に建築制限の程度が上記のようなものであ

注35　都市計画事業は、市町村が知事の認可を受けて施行する（都市計画法五十九条）とされており、「施行者」とは、都市計画事業を施行する者をいう。

るということから損失補償の必要は無いとする考え方には、大いに疑問がある」との藤田宙靖判事の補足意見が記されていることは注目に値します。

他方、土地収用法七十一条は、収用する土地等の権利に対する補償金の額は、「近傍類似の取引価格を考慮して算定した事業の認定[注36]の告示の時における相当な価格に、権利取得裁決[注37]の日までの物価変動に応じる修正率を乗じて得た額とする」と規定しています。わかりやすく言えば、収用の際の地価は、決定や認可の影響を受けない近傍類似の取引価格を基に算定する、ということです[注38]。

したがって、収用の際の地価は、決定や認可後の時価よりも上がることになり、地権者にとっては有利になるのです。

さらに、土地の一部が収用されて残地が残る場合には、次の①～③のような手厚い補償等が保障されています。

①残地補償（要綱四十一条・土地収用法七十四条）

土地の一部が収用された結果、残地の面積が過小となるなど、残地の価格が低下し、損失が生じたときは、元の価格との差額が補償される。

②工事費の補償（要綱四十二条・土地収用法七十五条）

残地に通路その他の工作物の新築、改装、増築、もしくは修繕又は盛土もしくは切土をする必要が生ずるときは、これに要する費用が補償される。

③残地収用の請求（要綱四十二条の二・土地収用法七十六条）
残地を従来利用していた目的に供することが著しく困難となるときは、土地所有者は残地の収用を意見書で請求することができる。

任意交渉の場合には①～③は必ずしも保障されませんから、残地に関しても収用されたほうが地権者にとって有利になります。

以上のように、地価に関しても残地に関しても収用されたほうが地権者にとって有利になるため、地権者自身が収用を希望することが少なくないのです。[注39]

――地権者が希望した収用と地権者の意向に反して行なわれた強制収用とは、どちらの方が多いのですか？

強制収用は、「諸刃の刃」と言われるように、強権的手法を採ったということで事業者自身

注36　都市計画道路の場合には、認可が土地収用法の事業認定に当たる（都市計画法七十条）。
注37　施行者は、事業の認定の告示があった日から一年以内に限り、収用又は使用する土地が所在する都道府県の収用委員会に収用又は使用の裁決を申請することができる。裁決には、却下の裁決のほか、権利取得裁決と明渡裁決がある。
注38　最高裁昭和四八年一〇月一八日判決は、「土地収用における損失補償の趣旨からすれば、法七十一条によって補償すべき相当な価格とは、被収用者が、建築制限を受けていないとすれば、裁決時において有するであろうと認められる価格をいうと解すべきである」旨、判示している。
注39　土地収用法でも、権利者のほうから事業者に対して収用の裁決申請を行なうよう請求することができるとされている（三十九条二項）。

が傷つきますから、そう簡単には採れません。

都市計画道路事業では、実際に収用に移った事例が数多くありますが、道路住民運動全国連絡会の長谷川茂雄氏によれば、過去二十年間の収用事例はすべて地権者自身が裁決申請した場合であり、地権者の意向に反した強制収用の事例は皆無だそうです。[注40]地権者の意向に反した強制収用がないならば、地権者の反対の意思が変わらない限り、都市計画道路事業は実施できないことになります。

注40　二〇一九年一二月一八日、「西荻窪の道路拡張を考える会」打合せでの長谷川氏の報告による。

第2章　築地市場の廃止と営業権

問題の概要

東京都築地市場が「豊洲に移転」された問題です。

築地市場は、一九三五年に開場した世界有数の卸売市場で、銀座に近いことから、観光名所としても世界的に有名になっていました。

東京都は、築地市場の老朽化を理由に「豊洲への移転」を計画しました。当初、一九八六年には築地市場での再整備を決定し、一九九一年に再整備工事に着工したものの、その後一九九五年に再整備を見直すとともに移転の可能性を検討する方針に変更、二〇〇一年二月に石原知事（当時）が「豊洲を新しい市場の候補地に」と表明、同年七月、都と東京ガスが移転に基本合意したのでした。

その後、移転予定地の土壌汚染問題が発覚して大きな問題になるなど紆余曲折を経ましたが、二〇一八年一〇月に移転を強行しました。

「築地市場の豊洲移転」をめぐっては、土壌汚染問題、卸売市場制度の改悪の問題等もありますが、本稿でとりあげるのは、仲卸業者の持つ権利に関わる次の三つの問題です。

1　東京魚市場卸協同組合（仲卸業者を組合員とする協同組合、以下「東卸」という）の機関決定で豊洲移転への同意がなされた問題

2　築地市場の「廃止の認可」がなされなかった問題

3　豊洲移転に際して東京都が補償を全く支払わなかった問題

私見

1　東卸の機関決定で豊洲移転への同意がなされた問題

(1)　東卸の機関決定とは

「築地市場の豊洲移転」について、仲卸業者は東卸の機関決定により合意したとされています。

東卸の機関決定は、まずは一九九八年一二月二〇日の総代会[注1]において「現在地（築地）再整備」が議決されました。ところが、約四年後の二〇一四年一一月一四日の総代会において当時の伊藤淳一理事長が「機関決定の白紙化」を提案し、採決せずに、拍手で承認されたことにな

りました。「機関決定」は、「拍手での承認」というずさんな方法でなされたうえ、その内容も「白紙化」されただけで豊洲移転が決定されたわけではないのです。

⑵　組合が移転するか否かを決められるのか

⑴で述べたように東卸の機関決定の手続きも問題ですが、それ以前に、かつそれ以上に重要なのは、そもそも東卸という組合が移転するか否かを決められるのか、という問題です。

移転に応じるか否かは、それぞれの仲卸業者にとって自らの死活にかかわる問題です。にもかかわらず、なぜ仲卸業者自らが決められず、組合の多数決決議（総代会決議や総会決議）に従わなければならないのでしょうか。協同組合は、各種の協同組合法に明記されている[注2]ように、「組合員のために奉仕をすること」を目的として創られる団体です。にもかかわらず、組合がなぜ個々の組合員の自由な意思決定を許さず、組合の決議に従わせるようなこと、つまり組合員を縛るようなことができるのでしょうか。

結論から言えば、移転するか否かを決められるのは、個々の仲卸業者です。なぜなら、仲卸

注1　協同組合の総代は、協同組合の組合員が協同組合において組合員の中から選出され、総代会は、多くの議案について、総会に代わって議決することができる。ただし、総代会決議は総会決議で覆すことができる。

注2　中小企業等協同組合法第五条、水産業協同組合法第四条、農業協同組合法第七条等。

業者は、営業権（後掲3で詳述）という権利を持っているからです。

総代会決議や総会決議で決めるのは、組合という法人の意思です。ですから、組合の持つ権利や財産に関わることは、総代会や総会で決められます。しかし、組合員である仲卸業者の持つ権利に関わることは、総代会や総会では決められないのです。だからこそ、総会や総代会における議決事項は法律に限定して列挙してあるのです。

「市場の移転」は、営業権を持つ個々の仲卸業者が決める事項ですから、法律や定款で議決事項に含まれているはずはありません。「市場の移転」に関して、組合が決められるのは「組合事務所の移転」だけであり、個々の業者の移転に関しては、組合は何も決められないのです。[注3]

総代会決議や総会決議は、権利のない者が勝手に声を挙げている行為、もっといえば、個々の仲卸業者が決められることに気づかせず、決議に従うほかないとあきらめさせるための「外堀を埋める行為」なのです（「事業者と公の関係」における免許や許可等と同様です）。この手法は、埋立事業を進めるうえで反対漁民をあきらめさせるために半世紀以上も使われていますが、[注4]仲卸業者の協同組合においても使われたのです。

(3) 中小企業等協同組合法に違反している東卸定款

では、東卸の定款で総会や総代会の議決事項はどのように定められているのでしょうか。

東卸定款では、総会の議決事項は、次のように規定されています。

第五十三条　総会は、組合の解散、合併または事業の全部の譲渡に限り、議決することができる。

これは、驚くべき規定です。東卸は、中小企業等協同組合法に基づく協同組合ですから、定款も同法に基づいて定めなければならないのですが、同法では、総会の議決事項は、次のとおり定められているのです。

（総会の議決事項）
第五十一条　次の事項は、総会の議決を経なければならない。
一　定款の変更
二　規約及び共済規程又は火災共済規程の設定、変更又は廃止

注3　中小企業庁経営支援課にも問い合わせをしたが、「組合が決められるのは組合事務所の移転だけ」という回答であった。
注4　埋立事業における漁協の総会決議の使われ方については、拙著『漁業権とはなにか』第1篇四章を参照。

三　毎事業年度の収支予算及び事業計画の設定又は変更
四　組合の子会社の株式又は持分の全部又は一部の譲渡（以下中略）
五　経費の賦課及び徴収の方法
六　その他定款で定める事項

東卸定款における「総会の議決事項」は、中小企業等協同組合法における「総会の議決事項」と全く異なります。つまり、東卸定款は、中小企業等協同組合法に違反した定款なのです。[注5]表Ⅲ２‐１は、東卸定款と中小企業等協同組合法を比較したものですが、総会の議決事項のみならず、総会の招集や役員改選の点でも東卸定款が中小企業等協同組合法に違反していることがわかります。

とりわけ、総組合員の五分の一以上の同意ないし連署による総会請求や役員の改選請求の規定がないことは、きわめて大きな欠陥です。協同組合は、組合員に奉仕することを目的とした団体ですから、その目的を果たせない組合運営になった場合に組合員による総会請求や役員改選請求等の制度が協同組合法で設けられているのに、定款にその規定を欠いていることは、組合長や理事会の独裁・暴走を組合員がチェックできない定款であること、「組合員に奉仕するための組合」という、そもそもの組合の設立目的に反した定款であることを意味しているので

注5　漁協の定款は、水産業協同組合法に基づいて水産庁が作成する模範定款例に従って作られるため、水産業協同組合法に違反することはあり得ない。中小企業等協同組合法でも同じである。

表Ⅲ2-1　東卸定款と中小企業等協同組合法

	東卸定款	中小企業等協同組合法
総会の招集	第54条　総会は、前条に掲げる事項を議決する必要があるときに限り、理事会の議決を経て、理事長が招集する。	（総会の招集） 第46条　通常総会は、定款の定めるところにより、毎事業年度1回招集しなければならない。 第47条　臨時総会は、必要があるときは、定款の定めるところにより、いつでも招集することができる。 2　組合員が総組合員の5分の1（これを下回る割合を定款で定めた場合にあつては、その割合）以上の同意を得て、会議の目的である事項及び招集の理由を記載した書面を理事会に提出して総会の招集を請求したときは、理事会は、その請求のあつた日から20日以内に臨時総会を招集すべきことを決しなければならない。
総会の議決事項	第53条　総会は、組合の解散、合併または事業の全部の譲渡に限り、議決することができる。	（総会の議決事項） 第51条　次の事項は、総会の議決を経なければならない。 一　定款の変更 二　規約及び共済規程又は火災共済規程の設定、変更又は廃止 三　毎事業年度の収支予算及び事業計画の設定又は変更 四　組合の子会社の株式又は持分の全部又は一部の譲渡 （中略） 五　経費の賦課及び徴収の方法 六　その他定款で定める事項
特別の議決	無し	（特別の議決） 第53条　次の事項は、総組合員の半数以上が出席し、その議決権の3分の2以上の多数による議決を必要とする。 一　定款の変更 二　組合の解散又は合併 三　組合員の除名 四　事業の全部の譲渡 五　組合員の出資口数に係る限度の特例 六　第38条の2第5項の規定による責任の免除
役員の改選	無し	（役員の改選） 第42条　組合員は、総組合員の5分の1（これを下回る割合を定款で定めた場合にあつては、その割合）以上の連署をもつて、役員の改選を請求することができるものとし、その請求につき総会において出席者の過半数の同意があつたときは、その請求に係る役員は、その職を失う。

す。協同組合にとって、あってはならない致命的欠陥といえます。

総代会の議決事項も不可解な規定になっています。中小企業等協同組合法では「総会に関する規定を準用する」（第五十五条第六項）[注6]と、総代会議決事項が総会議決事項と同じである旨、規定されているのに対し、東卸定款では「総代会においては、法または定款で定めるもののほか、次の事項を議決する」（第四十六条）として、「(1)借入金残高の最高限度、(2)金融事業に関する一組合員に対する貸付けの残高の最高限度、(3)その他理事会において必要と認める事項」の三つの事項を加えています。

(3)に基づき、理事会で必要と認めさえすれば、どんな事項も総代会で議決できるようになっているのです。

「市場の移転」は、個々の仲卸業者が決める事項ですから、中小企業等協同組合法やそれに基づく定款で議決事項とされているはずはないのですが、東卸定款では、第四十六条(3)に基づき、理事会が必要と認めさえすれば、議決事項にすることが可能になっているのです。この規定もまた、中小企業等協同組合法に違反する違法な規定です。

東卸総代会における豊洲移転の機関決定もまた、東卸定款第四十六条(3)により可能になったのです。

違法な定款を放置したうえ悪用した東卸の役員及び定款の作成・変更の認可を所管している行政庁（東京都知事）の責任は重大です。

2　築地市場の「廃止の認可」がなされなかった問題

(1)　中央卸売市場の廃止には「廃止の認可」が必要

卸売市場法十四条は、「中央卸売市場の廃止」について次のように規定しています。

（廃止の認可）

第十四条　開設者は、中央卸売市場を廃止しようとするときは、農林水産大臣の認可を受けなければならない。

2　農林水産大臣は、中央卸売市場の廃止によって一般消費者及び関係事業者の利益が害されるおそれがないと認めるときでなければ、前項の認可をしてはならない。

中央卸売市場は、市場で事業を営む事業者にとっても、生鮮食料品の公正かつ公平な価格による供給という利益を受ける市民にとっても大切な公益施設です。だからこそ、卸売市場法で一般消費者及び関連事業者の利益を損なう場合には廃止できないような規定が設けられているのです。

注6　水産業協同組合法第五十二条第六項も全く同じ規定である。

築地市場は、二〇一八年一〇月「豊洲移転」後に、市場としての機能を失ったばかりか、建物も解体撤去され、物理的にも市場ではなくなりました。これは「中央卸売市場の廃止」にあたるはずであり、卸売市場法十四条に基づけば、「廃止の認可」が必要で、一般消費者及び関係事業者の利益が害されるおそれがないと認めるときでなければできなかったはずです。

世界有数の卸売市場であり、観光名所にもなっていた築地市場の解体撤去に伴い、一般消費者の利益も関係事業者の利益も大きく害されました。一般消費者は、築地市場では出入りが自由かつ便利で売買にも参画できていたのに、豊洲市場では出入りが不自由かつ不便で売買に参画できなくなりました。関連事業者（卸売業者、仲卸業者その他の市場関係事業者）も、移転に伴って得意先を失う、使っていた設備・備品が使えなくなる、買出しが不便になる等の大きな損害を蒙りました。そのうえ、後述するように、築地市場が持っていた公正な価格決定機能が失われて物流センター化することは、一般消費者及び仲卸業者の利益を著しく害することになります。

にもかかわらず、どうして「廃止の認可」が得られ、「築地市場の豊洲移転」が可能になったのでしょうか。

(2)　「廃止の認可」を不要とする国・都の見解

結論から言えば、東京都は、一般消費者及び関係事業者の利益が害されるときには「廃止の

す。

認可」ができないという問題を「廃止の認可」を不要とするように誤魔化してクリアしたので

東京都は、「廃止の認可」を不要とするうえで、「位置及び面積の変更」を理由として挙げていました。つまり、築地市場の豊洲移転は、築地市場の「位置及び面積」を変更するだけだから、「廃止の認可」は必要でなく、「業務規程（位置及び面積）の変更」ですむ、としたのです。

業務規程とは、地方公共団体が中央卸売市場を開設する際、農林水産大臣による「開設の認可」を得るために提出しなければならない規程で、そこには「中央卸売市場の位置及び面積」を定めなければならない（卸売市場法九条）、また、業務規程の変更にも農林水産大臣の認可を受けなければならない（同法第十一条）、とされています。

東京都では、業務規程を「東京都中央卸売市場条例（以下、「条例」という）」として定めていましたが、都は、条例中の築地市場の「位置及び面積」を変更するという手法を採ることで済むから「廃止の認可」は不要と弁明したのです。

都がそのように弁明するうえで、大きな根拠にしたのは、平成一九年の政府答弁書です。[注7]

注7　国会議員から提出された質問主意書に対する政府の答弁書。

笠井亮衆議院議員からの質問主意書に対する政府答弁書（平成一九年十一月二十七日、内閣衆質一六八第二四〇号）は、次のように回答しています。

築地市場の移転については、中央卸売市場の位置を変更するものであることから、卸売市場法十一条第一項の規定に基づき、東京都の業務規程の変更について農林水産大臣の認可が必要となるが、中央卸売市場そのものが廃止されるものではないため、御指摘の同法第十四条第一項の規定に基づく中央卸売市場の廃止の認可は必要ない。

まさに、東京都の見解を裏付ける政府答弁書になっています。

しかし、築地市場は、正式には「東京都中央卸売市場築地市場」という名称のれっきとした中央卸売市場です。また、実質的にも、世界有数の卸売市場であり、廃止されれば、一般消費者及び関係事業者の利益が害される度合いは、他の中央卸売市場と比較にならないほど大きいはずです。にもかかわらず、それを「位置及び面積の変更」という手法を用いて無視するとは、不可解であり、脱法行為との疑念を抱かざるを得ません。

「東京都中央卸売市場築地市場」の「位置及び面積」を変更しても、「東京都中央卸売市場築地市場」自体は存続し続けるはずです。いいかえれば、「東京都中央卸売市場築地市場アット築地」が「東京都中央卸売市場築地市場アット豊洲」に変わるだけになるはずです。ところが、次項(3)にみるように、正式な手続き（都の条例改正や農水省の定める中央卸売市場整備計画）においては、「東京都中央卸売市場築地市場の廃止」及び「東京都中央卸売市場豊洲市場の新設」として進められたのです。

(3)　条例改正でも中央卸売市場整備計画でも「築地市場の廃止」及び「豊洲市場の新設」

築地市場の「豊洲移転」に関する東京都の条例改正は、平成二八年三月三一日に公布されています。次のとおりです。[注8]

東京都中央卸売市場条例の一部を改正する条例を公布する。

平成二八年三月三一日

東京都知事舛添要一

東京都中央卸売市場条例（昭和四六年東京都条例一四四号）の一部を次のように改正する。

＜中略＞

第四条の表東京都中央卸売市場築地市場の項を削り、同表東京都中央卸売市場大田市場の項の次に次のように加える。

東京都中央卸売市場豊洲市場　東京都江東区豊洲六丁目六番一号

＜中略＞

附則

注8　附則にある施行日は、その後、東京都規則で平成三〇年一〇月一一日に定められた。

（施行期日）

1　この条例は、東京都規則で定める日から施行する。

この条例改正を見る限り、東京都は、「東京都中央卸売市場築地市場」の「位置及び面積の変更」をしたのではなく、「東京都中央卸売市場築地市場」を廃止し、「東京都中央卸売市場豊洲市場」を新設したと判断せざるを得ません。

国のほうも同様です。

中央卸売市場整備計画は、卸売市場法五条に基づき農林水産大臣が定めなければならない計画ですが、平成二一年一〇月一日、新たな中央卸売市場整備計画が定められました。

もしも、「築地市場の豊洲移転」が「築地市場の位置及び面積の変更」によって行なわれるならば、新たな「中央卸売市場整備計画」に「東京都中央卸売市場築地市場」が掲載され続けるはずですが、そこには、「東京都中央卸売市場築地市場」と「東京都中央卸売市場（新設市場─豊洲地区）」とが並列して挙げられるとともに、注に「東京都中央卸売市場（新設市場─豊洲地区）の整備に伴い、東京都中央卸売市場築地市場は廃止する」と記されています（表Ⅲ2‐2）。つまり、平成二一年一〇月一日「中央卸売市場整備計画」によれば、「東京都中央卸売市場豊洲市場」が新設市場として整備されるのに伴い、「東京都中央卸売市場築地市場」が廃止されることが明記されているのです。

つまり、東京都は、対外的に「築地市場の豊洲移転」を築地市場の「位置及び面積の変更」をつうじて実施すると宣伝しながら、正式には、都も国も「築地市場の廃止」及び「豊洲市場の新設」をつうじて実施したのです。「築地市場の豊洲移転」は、法的には正確ではなく、正式には「築地市場の廃止」及び「豊洲市場の新設」だったのです。「築地市場の豊洲移転」という呼び方は「築地市場の廃止」及び「豊洲市場の新設」を誤魔化すために用いられたのです。「築地市場の豊洲移転」が実施されてから約一年後の二〇一九年九月二日、テレ朝ニュースは、「築地市場が『市場』としての廃止決定　東京都」という見出しで次のような報道をしました。[注9]

東京都は築地市場について、「市場」として廃止する決定をしました。これにより、跡地に商業施設などが建てられるようになります。

東京都中央卸売市場の築地市場は去年一〇月、豊洲に移転しました。市場の機能は豊洲に移りましたが、東京都市計画においては築地市場が中央卸売市場のままになっていました。そのため、二日の審議会で築地市場の廃止を決定しました。

これにより、一九三五年から去年まで八三年にわたって「東京の食」を支えてきた築地

注9　https://news.tv-asahi.co.jp/news_society/articles/000163437.html

市場の跡地には今後、市場関連以外の商業施設や住宅などが建てられるようになります。来年の東京オリンピック・パラリンピックでは、大会関係者の車両を止める駐車場として活用する予定で、その後については「築地の食文化」などを生かした土地利用が想定されています。

やはり、「廃止の決定」や「廃止の認可」の手続きは必要だったのです。「位置及び面積の変更」は「廃止の認可」を回避するための対外的なゴマカシ手法に使われたのです。

(4) 都の「十一の中央卸売市場で一つの東京都中央卸売市場」との弁明

東京都は、築地市場の解体に取り組むにあたり、「築地閉場・解体事業」と呼び、「廃止」という表現を避けていました。そして、「築地市場の廃止」の手続きを取らないことを追及すると「東京都には十一の中央卸売市場があるが、全体として一つの中央卸売市場である」と弁明しました。

これは、実におかしな弁明です。

表Ⅲ2-2に見るように、農水省「中央卸売市場整備計画」には、「東京都中央卸売市場築地市場」、「東京都中央卸売市場豊島市場」等と東京都の十一の中央卸売市場の名称がすべて列挙されている一方、単なる「東京都中央卸売市場」という名称の中央卸売市場はどこにも掲載さ

表Ⅲ２-2　「中央卸売市場整備計画」における「中央卸売市場の名称」

	中央卸売市場の名称	改良、造成又は取得を必要とする施設
施設の改善を図ることが必要と認められる中央卸売市場	札幌市中央卸売市場 青森市中央卸売市場 八戸市中央卸売市場 仙台市中央卸売市場本場 仙台市中央卸売市場食肉市場 秋田市中央卸売市場 山形市中央卸売市場 福島市中央卸売市場 宇都宮市中央卸売市場 千葉市中央卸売市場 船橋市中央卸売市場 東京都中央卸売市場築地市場 東京都中央卸売市場豊島市場 東京都中央卸売市場淀橋市場 東京都中央卸売市場足立市場 東京都中央卸売市場食肉市場 東京都中央卸売市場板橋市場 東京都中央卸売市場北足立市場 東京都中央卸売市場葛西市場 東京都中央卸売市場大田市場 東京都中央卸売市場 （新設市場－豊洲地区） 横浜市中央卸売市場本場	売場施設 駐車施設 貯蔵・保管施設 輸送・搬送施設 衛生施設 情報・事務処理施設 管理施設 加工処理施設 福利厚生施設 関連事業施設 以上の施設に附帯する施設
必要に応じ施設の改善を図ることができる中央卸売市場	盛岡市中央卸売市場 いわき市中央卸売市場 さいたま市食肉中央卸売市場 東京都中央卸売市場世田谷市場 東京都中央卸売市場多摩ニュータウン市場 甲府市中央卸売市場 宇部市中央卸売市場 徳島市中央卸売市場 高松市中央卸売市場 松山市中央卸売市場水産市場 福岡市中央卸売市場西部市場 福岡市中央卸売市場東部市場 福岡市中央卸売市場食肉市場 佐世保市中央卸売市場水産市場	

（注）東京都中央卸売市場（新設市場－豊洲地区）の整備に伴い、東京都中央卸売市場築地市場は廃止する。
出典：農水省「中央卸売市場整備計画（平成21年10月）」

れていません。東京都の市場問題プロジェクトチーム[注10]がまとめた「市場問題プロジェクトチーム第一次報告書（平成二九年六月一三日）」にも「東京都には、築地（主として水産物）、食肉（品川）、大田（主として青果）の三つの大きな中央卸売市場のほか、豊島、淀橋、足立、板橋、世田谷、北足立、多摩ニュータウン、葛西の合計十一の中央卸売市場がある」（一〇頁）と記されています。

　また、東京都の弁明が正しいとするならば、東京都では、十一ある中央卸売市場のどれが廃止されようと「位置及び面積の変更」という手法で実施できることになり、卸売市場法十四条が適用される可能性は全くないことになります。のみならず、複数の中央卸売市場を持つ地方公共団体でも、すべて卸売市場法十四条が適用される可能性はない[注11]ことになります。それでは、「中央卸売市場の廃止」に伴って一般消費者及び関係事業者の利益が害されることを防ぐために卸売市場法十四条を設けた意味がなくなってしまいます。

　地方公共団体が複数の中央卸売市場を持つ場合、それぞれの中央卸売市場を開設する際に、卸売市場法八条に基づき、農林水産大臣による「開設の認可」が必要です。それぞれの開設の際に「開設の認可」が必要ならば、それぞれの廃止の際にも「廃止の認可」が必要なことは当然です。実際、三つの中央卸売市場を持つ神戸市と広島市に問い合わせたところ、「開設の認可を個別に得る以上、廃止の認可を個別に得るのは当然です」との回答でした。

『卸売市場法必携』の解説も参考になります。同書は、卸売市場法制定時の農水省担当者によって書かれた解説書ですが、そこには、「地方卸売市場[注12]の廃止」に関して次のようなQ＆Aが掲載されています。

問１２７　開設者が、地方卸売市場を廃止する場合は、廃止の許可を必要としますが、何故なのですか。

回答：地方卸売市場が生産者、消費者に対して果している公共的な役割にかんがみ、都道府県知事は、その開設及び運営のあり方について、単に許可不許可の処分をするのみでなく、集荷力の増強、適正な価格の形成の確保、確実な決済信用の拡充、能率的な荷さばき、立地の適正化等の具体的な指導監督を行なっています。このような卸売市場が、知事に無断で廃止されることは、生産者消費者双方に迷惑な話であり、その廃止に当たっては事前に開設の許可を行なった知事に許可を受けることは当然です。都道府県知事としては、地域住民に及ぼす影響の大きいことを十分勘案して行政的に十分な善後処置を早急に行なった

注10　東京都が築地市場移転問題に関して二〇一六年九月一六日付けで都政改革本部に設けたプロジェクトチーム。
注11　当該自治体にある中央卸売市場がすべて同時に廃止される場合には適用されるが、そのようなことは実際にはあり得ない。
注12　地方卸売市場は開設者が都道府県知事から許可を得て開設される卸売市場。中央卸売市場の場合は開設者が農林水産大臣から認可を得て開設される。

うえで、この廃止を許可すべきものといえましょう。

同書には「中央卸売市場の廃止」についてのQ&Aは掲載されていませんが、地方卸売市場よりも規模が大きく、生産者・消費者双方への影響もより大きい中央卸売市場の廃止に際して、「開設の認可」を行なった知事が、同様の趣旨で、かつ同様の善後処置を行なったうえで「廃止の認可」をすべきであることはいうまでもありません。

にもかかわらず、小池都知事は、築地市場の廃止に際して、何の善後措置も行なわないばかりか、「廃止の認可」の手続きさえ行なわなかったのでした。

以上、(1)〜(4)から明らかなように、築地市場の「豊洲移転」には、卸売市場法十四条に基づく「廃止の認可」が必要であったにもかかわらず、業務規程における「位置及び面積の変更」で済むとの違法なゴマカシがなされたのです。

3 「豊洲移転」に際して東京都が補償を全く支払わなかった問題

(1) 築地市場の業者は営業権を持つ

築地市場の「豊洲移転」に際し、東京都は補償金を全く支払いませんでした。これは、常識的にもおかしなことです。たいていの卸売市場の移転の場合、補償金が支払われています。他の卸売市場よりも規模がはるかに大きく、位置的にも恵まれている築地市場の移転に補償金が全く支払われないとは、不可解極まりないことです。

卸売市場の業者（卸売業者、仲卸業者等）は、営業権を持っています。

営業権とは、用地補償実務研究会『営業補償の理論と実務　改訂四版』によれば、「通常、暖簾（のれん）や老舗（しにせ）などと呼ばれている企業財産の一種であり、企業のもつ営業上の収益力が他の同業種の平均的な収益力に比較して超過している場合、その超過している部分（超過利潤）を生む原因となっている一種の無体財産権[注13]である」と説明されています。

行政庁の許可を受けて営業していたり、長年の営業により暖簾を得て営業していたりする事業者は、営業権を持ち、その価値は、超過収益を資本還元[注14]した現在価値として評価されますが、なかには、取引の対象となり、営業権の市場が成立している場合もあります。

築地市場の仲卸業者は、知事の許可を受けて営業していますから、それだけで「営業権」を持つことになります。そのうえ、「築地市場」は、世界的に有名なブランド（暖簾）ですから、その点に基づいても「営業権」を持っていることになります。実際、築地市場では、営業権を売買する市場が存在して、営業権が取引きされていました。

前掲「市場問題プロジェクトチーム第一次報告書」にも、「⑴高い知名度と長い歴史を持っ

注13　不動産や動産のような有体物に対する財産権（財産的価値を有する権利）と異なり、著作物、発明、デザイン等の無体物に対する財産権の総称で、知的財産権とも呼ばれる。

注14　資本還元とは利子率で割ること。六万円の収入を利子率六％で資本還元すると百万円になる。

た卸売市場である」という項目に「築地ブランドは、これまで『のれん代』としての経済的な価値が計算されてこなかったが、日本において唯一市場がブランドとなっている例であり、その経済価値を正当に考慮するべきである」（二四頁）と解説されています。

(2) 公権力の行使と損失補償

公権力の行使に伴う経済的損失に対しては、損失補償が必要です。

「損失補償」とは、適法な公権力の行使によって加えられた経済上の特別の犠牲に対し、公平の見地から全体の負担においてこれを調整するための財産的補償をいいます。旧憲法は、補償に関する規定を欠いていましたので、個々の法令中に補償を認めるしかありませんでしたが、新憲法二十九条三項（私有財産は、正当な補償の下に、これを公共のために用ひることができる）は、財産権を公共のために用いるについて正当な補償を要求し、損失補償制度の一般的基礎をおきました[注15]。

とはいえ、新憲法二十九条三項は、私有財産を公共のために用いる場合には正当な補償を要することを定めているだけであって、なぜ損失補償を要するかという損失補償の合理的根拠を示しているわけではありません。損失補償の合理的根拠については、学説上、「平等原則[注16]及び財産権保障説」が通説になっています[注17]。

損失補償の必要性について、法律上に規定があれば，それ以上に憲法上の根拠を問題にする必要はありませんが、法律上の根拠が欠けていたり、あるいは法律上の根拠があっても、その補償内容が不十分と思われたりする場合には、直接憲法二十九条三項に基づいて補償（または差額）を請求できるという「直接請求権発生説」が、現在では学説上の通説となっており、判例もこれに拠っています。[注18]

(3)「築地市場の豊洲移転」には損失補償が必要だった

「築地市場の豊洲移転」は、築地市場の業者の持つ営業権という財産権を侵害しました。築地市場の営業権には市場が存在して取引されていましたが、その市場価格が移転に伴って減価したことが、[注19]「営業権侵害」の何よりの証左です。

「豊洲移転」に際しては、「営業権侵害」に対する補償に加え、土地収用や任意買収に通常付随して生じる財産的損失に対する補償（略称「通損補償」）、いわゆる「付随的損失補償」も必

注15　我妻栄編集代表『新版　新法律学辞典』。

注16　平等原則とは、特別の犠牲に対し、公平の見地から全体の負担においてこれを調整するという原則。

注17　西埜章・田辺愛壹『損失補償の理論と実務』、三三三頁。

注18　西埜章・田辺愛壹、前掲書、三七頁。

注19　築地市場の暖簾（営業権）の価格は移転時（二〇一八年一〇月）に約一五〇〇万円だったのが、翌年六月には約五〇〇万円に下落した。

要でした。

公共用地の取得に伴う損失補償に関しては、「公共用地の取得に伴う損失補償基準要綱」（以下「要綱」という）が定められており、要綱には、「土地等の取得又は使用により通常生ずる損失の補償」として、動産移転料や次の三種の営業補償を支払うべきことが規定されています。

・営業廃止の補償…通常営業の継続が不能となると認められるとき
・営業休止等の補償…通常営業を一時休止する必要があると認められるとき
・営業規模縮少の補償…通常営業の規模を縮少しなければならないと認められるとき

要綱は、公共事業のすべてに通じて適用される適正かつ統一的な損失補償基準として制定されたものですから、また、損失補償請求権は、「公共用地の取得」の有無にかかわらず、憲法二十九条に基づいて発生しますから、築地市場の「豊洲移転」の場合にも付随的損失補償を含む損失補償が必要だったはずです。

築地市場の「豊洲移転」に伴って必要だった損失補償を具体的に言えば、主として次の①～④です。

①営業権の侵害（減価）に対する補償
②移転に伴って使用できなくなった機械器具等の資産、商品等の売却損
③位置の変更に伴う得意先喪失補償

④動産移転料（いわゆる引っ越し代）

しかし、東京都は、仲卸業者の方たちに「営業権」や「営業補償」の話を一切せず、損失補償も一切支払いませんでした。

これは、財産権を保障した憲法二十九条に違反する行為です。

(4)　東京都の無補償の主張

築地市場仲卸業者は、都に何度も公開質問状を出したり直接交渉を申し入れたりしましたが、都はほとんど応じませんでした。例外的に一度だけ二〇一八年九月二一日に東京都と話し合いを持てましたが、損失補償についての都の大谷俊也業務課長の主張は、一つには「受忍限度論」でした。

受忍限度論は、主として騒音や振動等の公害について主張される論で、被害の程度が受忍（我慢）できる限度内である、とするものです。大谷課長は、「都の法律担当の課とともに検討した結論なので絶対に正しい見解である」と主張していました。

しかし、受忍限度の判断は、騒音を例にとると、騒音の発生源の種類や発生する頻度・時間帯、被害の性質や程度、当該地域の性格など、種々の事情を考慮して判断されますが、実際上最も重要なのは、法令上の基準値を超えているかどうかという点です。また、最終的には裁判所に判断してもらうしかありません。

しかるに、大谷課長の「受忍限度論」は、何の基準も判例も示すことなく、加害者たる東京都が加害行為の受忍限度を一方的に決められると主張しているのです。

このような「受忍限度論」が到底通用しない主張であることは、セクハラ行為に即して考えれば誰もがすぐにわかることであり、また、このような「受忍限度論」が通用するならば、あらゆる加害行為が許されてしまい、加害行為がこの世に存在しないことになってしまいますから、その誤りは明白です。

大谷課長のもう一つの主張は、「都民みんなのための公共事業なのだから、仲卸業者等は容認すべき」という論でした。

公共事業は、実質的にはともかく、建前としては「みんなのための事業」を掲げていますが、であるからこそ、特定の人が特別の犠牲を受けるのは平等原則に反するとして、公平の見地から全体の負担においてこれを調整するために損失補償が義務付けられているのです。

大谷課長の論は、憲法二十九条も平等原則も全く理解していない、いいかえれば「公共事業」の大原則を理解していない、行政としてあるまじき暴論というほかありません。[注20]

(5) 市場移転に伴う損失補償を適法とした東京高裁判決

中央卸売市場の移転に際して損失補償を支払ったことが争われ、適法とされた判例があります。東京高裁平成三年七月三〇日判決です。

千葉市は、千葉市中央卸売市場を移転した際に、業者が自己の費用で設置し又は取得した設備・備品等のうち新市場に移転ができないものに対して損失補償を支払いました。それに対して市民が「違法な支出」として提訴したのですが、同判決は、「損失補償は適法」と判示したのです。

訴訟での主要な論争は、次の業務規程六十四条をめぐって行なわれました。

〔市場施設の返還〕
第六十四条　使用者の死亡、解散若しくは廃業等又は業務の許可の取消しその他の理由により市場施設の使用資格が消滅したときは、相続人、清算人、代理人又は本人は、知事の指定する期間内に自己の費用で当該施設を原状に復して返還しなければならない。

損失補償を違法とした千葉市民は、この業務規程六十四条を論拠として、業者が自己の費用で施設を原状回復して返還しなければならないのだから、新市場に移転できない設備等に対して損失補償を支払うことは違法である、と主張したのです。

この主張に対して同判決は、次のような判決理由を挙げて損失補償を適法としたのです。

注20　大谷課長は、営業権があるとしても「使用指定の許可」も取り消すので営業できなくなる、とも主張したが、条例には「使用指定の許可」という規定はないので、全く論拠にならない。

業務規程六十四条の規定は、市場施設の使用資格が消滅した場合の返還義務を定めたものである。したがって、これらの規定を根拠として、行政上の必要から市場施設の使用が終了した場合にも一切損失補償を要しないと解することはできない。

判決理由では、業務規程六十四条の定める「業者の原状回復・返還義務」は、「市場施設の使用資格が消滅した場合」に生じるのであって、「行政上の必要から市場施設の使用が終了した場合」は「市場施設の使用資格が消滅した場合」にあたらず、むしろ「損失補償を必要とする」旨、述べています。いいかえれば、六十四条中の「使用者の死亡、解散若しくは廃業等又は業務の許可の取消しその他の理由」の「その他の理由」には「行政上の必要に因る市場施設の使用終了」は、含まれないと述べていることになります。

築地市場の「豊洲移転」を決めたのは東京都であり、したがって「行政上の必要から築地市場施設の使用が終了した場合」に当たりますから、同判決に基づけば、「築地市場施設の使用資格の消滅」が生じることはなく、したがって第六十四条の定める「業者の原状回復・返還義務」も生じず、逆に、業者への損失補償が必要ということになります。

以上のことを簡潔にまとめれば、表Ⅲ2‐3のようになります。

表Ⅲ2－3　東京高裁判決に示された「業者の原状回復・返還義務」の有無と損失補償の必要性

	業者の原状回復・返還義務	損失補償
業者の使用資格が消滅した場合	有り	不要
行政上の必要から市場施設の使用が終了した場合	無し	必要

また、同判決は、通損補償（付随的損失補償）が必要であることも次のように明確に述べています。

公益上の必要に基づく市場の移転に伴い卸売業者が使用する市場施設の指定が変更された結果、旧市場において卸売業者が設置し又は取得した設備、備品等に生じたいわゆる付随損失については、憲法二十九条の趣旨と公平の原則に照らし、前記国有財産法十九条、二十四条により行政財産の目的外使用の許可が取り消された場合に認められる損失補償と同様の補償を求めることができるものと解するのが相当である。

したがって、東京高裁判決に基づけば、築地市場の「豊洲移転」には、業務規定六十四条に基づく「業者の原状回復・返還義務」は生じず、逆に業者に対する損失補償が必要ということになります。

取組み

1　永尾氏からの問い合わせと学習会開催

築地問題に取り組んだきっかけは、二〇一七年一二月に埋立・ダム問題で旧知のジャーナリスト永尾俊彦氏から「豊洲移転について東卸の総代会決議で決められるのでしょうか」との問い合わせを受けたことでした。

永尾氏は、埋立の際に漁協で埋立同意や漁業権放棄の総会決議を挙げることが「外堀を埋める」ための儀式に過ぎず、法的には「埋立で損害を受ける漁民全員の同意が必要」との筆者の見解をご存知でしたので、東卸の総代会決議にも疑問をもたれたのでしょう。

問い合わせに「総代会決議で決められるのは、東卸という法人の意思です。移転するか否かを決められるのは、東卸ではなく、営業をしている個々の業者です」と答えたところ、永尾氏が移転反対運動を続けていたN氏及び女将さん会のメンバーに説明する機会を設けてくれました。そして、説明会後、仲卸業者等の間で、十数回にわたって学習会が開かれました。

学習会での報告を準備するなかで、業者の持つ権利が営業権であること、要綱で営業補償が定められていること、東京高裁平成三年七月三〇日判決で市場移転に伴う損失補償が適法と認められていることなどが次第にわかってきました。

学習会で強調したのは、次の二点です。

①築地市場の仲卸業者は営業権を持っており、豊洲移転に伴い、営業補償が必要である。

②仲卸業の豊洲移転を決められるのは営業権の権利者である各仲卸業者であり、権利者でない東卸が決められることではない。

③豊洲への移転についての東卸の総代会決議は、権利のない者が勝手に声をあげた行為（無権代理行為）に過ぎず、無効である。[注21]

2　営業権組合の結成

学習会をつうじて、自分たちが営業権を持っていることを知った仲卸業者の人たちが、二〇一八年六月二一日、営業権組合を設立しました。

営業権組合の規約には、組合の目的が次のように謳われています。

目的

第2条　本組合は、築地市場内の各事業者に営業権が存在することを確認し、卸売市場の移転等が計画される際に、組合員が営業権に基づく正当な権利者として交渉権・発言権

注21　無権代理行為に対して、権利者本人には追認する義務も追認を拒む義務もないが、追認をすると、はじめから代理権があったのと同じことになり、追認を拒めば、無効なものとして確定する。

を行使できるよう最大限の努力をし、ひいては築地市場事業者の社会的地位の向上を目的とする。

営業権組合は、学習会の開催等をつうじて組合員数を増やしていくとともに、東京都に対して、数度にわたり、交渉を要求したり公開質問状を出したりしました。しかし、東京都は、「営業権を認めないから、営業権組合も認めない」として、営業権組合からの交渉要求にも公開質問状にも、一切答えませんでした。[注22]

3　免除申請書をめぐる攻防

(1)　都が免除申請書の提出を業者に要請

二〇一八年秋、都は、築地市場の業者に対して「築地市場閉場に伴う市場施設の返還における造作等の原状回復免除及び権利放棄に関する原状回復義務免除申請書」(以下、「免除申請書」という)というタイトルの申請書を提出するよう、要請しました。

免除申請書の要旨は「市場施設に存在する造作等(業者の所有する財産)について、原状回復の免除を申請いたします。また、当該造作等については、退去確認以降、一切の権利を放棄します」というもので、これに署名捺印して提出するよう、要請したのです。

先に、東京高裁平成三年七月三〇日判決の項で、業務規程六十四条について説明しました。

市場施設の使用資格が消滅した場合には、業務規程六十四条に基づき業者の原状回復・返還義務が生じる一方、市場の移転に伴う市場施設の使用終了の場合には業者の原状回復・返還義務が生じないばかりか、業者への損失補償が必要というのが同判決の判示事項でした。

同判決にいう業務規程六十四条は、東京都中央卸売市場条例九十一条と全く同じ規定ですから、同判決に基づけば、業者に原状回復・返還義務が生じないばかりか、業者への損失補償が必要ということになります。

ところが、東京都は、同判決とは逆に原状回復・返還義務が業者にあるとし、それを前提として、免除申請書を提出すれば、原状回復・返還義務を免除してあげるとしたのです。免除申請書を提出すれば、原状回復は都が行なってあげるが、提出しなければ自分で費用負担して原状回復しなさいというのです。

費用負担を考慮すれば、業者が免除申請書を提出したくなるのは当然です。しかし、提出すれば、私有財産についての権利を放棄し、損失補償の必要性の主張を断念することになります。さらには、「豊洲移転」に同意し、東卸の無権代理行為である総代会決議を追認することにもなってしまいます。

提出するか否か迷った仲卸業者は、長年、移転反対運動のリーダーであったN氏に相談しま

注22　仲卸業者が一度だけ二〇一八年九月二一日に持てた都との話し合いも、営業権組合としての話し合いではありませんでした。

した。N氏の返答は「それくらいは提出してもいい」だったため、営業権組合に加わっていた仲卸業者の多くも免除申請書を提出してしまいました。

(2) 撤回書の提出

営業権組合から免除申請書について打診を受けた筆者は、免除申請書を出せば、損失補償の必要性を主張できなくなること及び豊洲移転に同意したことになることを伝えました。善後策についても相談され、提出は錯誤に因るものとする撤回書を集めて都に提出することを提案しました。

営業権組合の中で撤回書集めが始まり、八八通の撤回書を集めて、十月二日、築地市場内にあった東京都の事務所に提出しました。営業権組合員数は、約一五〇名になっていましたから、約六割の撤回書を提出できたことになります。免除申請書を出さなかった組合員もいますから、合わせれば、かなりの割合になります。

都は、いったんは撤回書を素直に受け取ったのですが、翌日、営業権組合役員を訪ね、「実印が押印されていない撤回書は受け取れない」と言って返してきました。営業権組合は、その後実印を集め、十月六日に都の事務所を訪ねて、実印を押印した撤回書六五通を再度渡そうとしましたが、受け取りを頑として拒むため、やむなく郵便局から内容証明で送りつけました。都が、撤回書の重要性について知らないうちは素直に受領し、知ってからは撤回書をあわてて返却して再受領を拒んだ経緯は、撤回書が如何に重要だったかを物語るものです。

4　築地閉場とお買物ツアー

(1)　築地閉場

二〇一八年一〇月一一日、都は、築地閉場と称して、正門前にバリケードを築き、ロックアウトを開始しました。

しかし、「営業権に基づき、営業を続ける。都や警察が営業を妨害するようなことがあれば、刑法二百三十四条の威力業務妨害罪にあたる」と宣言して、業者及び多数の市民が市場内に入り、営業・買物を続けました。築地市場から少し離れた道路には、機動隊が多数待機していましたが、宣言の効果があったのか、全く介入はありませんでした。

「築地閉場」開始後の一週間は、業者の引っ越し期間として、業者の出入りを認めていたこともあり、市場内での営業・買物を続けることができました。

引っ越し期間が過ぎ、ロックアウトが強化されて入場が困難になってからは、市場内の辺縁部で数回営業した後、一〇月二三日以降は場所を築地市場正門前に変更して営業・買物を続けました。

警察は、営業場所から百メートルくらい離れた道路端に毎回パトカーが来ていたものの、全く介入しませんでした。逆に、一〇月二三日には、こちらから築地署を訪ね、威力業務妨害の被害届を提出するとともに、築地市場開設の頃、築地署で小林多喜二が拷問によって殺されたことを話し、築地市場の廃止に当たって不名誉を雪ぐべく尽力していただきたい、との要請を行ないました。担当した長瀬一広警部からは、一一月一日に「被害届けの公式受理はできないけれども、違法行為があった時は、通報してくれれば、法に従って対応します」との回答を得ました。被害届提出後は、パトカーも来なくなりました。

(2) 都が原状回復計画書の提出を要求

免除申請書を出さなかったり撤回書を提出したりした営業権組合員は、築地市場内に一部の設備・備品等の私物を置いていましたが、都は、築地閉場後、私物を置いた組合員への圧力を強めていきました。

都は、まず、「築地市場閉場に伴う市場施設の造作等原状回復計画書の提出について」なる文書を送りつけてきました。平成三〇年一〇月一〇日付けでありながら、組合員に届いたのは、一〇月一二日（金）〜一三日（土）でした。しかも、驚いたことに、原状回復計画書には、原状回復を行なう施工業者名の記載まで要求しているにもかかわらず、提出期限は一〇月一四日（日）としてあるのでした。そのうえ、「計画書が提出されなかった場合及び提出された計画書に上記に記載の事項が網羅されていない場合には、当初の原状回復義務の免除申請が有効なものとして取り扱います」と法外なことが記載されていました。

手続きの上でも内容の上でもこれほど強引な計画書の提出ができるはずがなく、実際、撤回書を提出した組合員で計画書を提出できた組合員は皆無でした。しかし、「計画書が提出されなかった場合には、当初の原状回復義務の免除申請が有効なものとして取り扱う」とされていますので、撤回する前の免除申請書を有効とされてしまったのでした。

(3)　都が仮処分の申立てを行なう

都は、引っ越し期間が過ぎた一〇月一八日、免除申請書を提出していなかった組合員二社（S水産、M水産）に対し、都の土地所有権に基づく土地明け渡しを求める仮処分の申立てを行ないました。

東京地裁での仮処分の一回目の審尋[注23]は一〇月三〇日に開かれました。知り合いの弁護士から補佐人も出席可能で補佐人申請すれば必ず許可されると聞いたので、筆者を補佐人として申請しましたが、裁判官から拒否されました。

一回目審尋では、組合員二社は、営業権や営業補償に関する営業権組合の見解を説明し、東京高裁平成三年七月三〇日判決に基づき、業者に原状回復義務が生じないこと、及び損失補償が必要であることを主張しました。

注23　審尋とは、民事訴訟で、当事者その他利害関係人に書面または口頭で意見を陳述する機会を与える手続きをいう。

都の松下博之代理人らは、次第に頭をうなだれていっただけで何の反論もできませんでした。そればかりか、東京高裁平成三年七月三〇日判決をコピーさせてほしいと依頼する有様でした。異例のことながら、コピーはさせてあげました。

一一月五日の二回目審尋でも、「築地市場の豊洲移転の法的根拠」、「営業権及び買物ツアー」、及び「営業権者への残置物撤去・原状回復の要求について」の三点にわたる東京都への公開質問状を提示し、回答するよう要求したものの、松下博之代理人らは「公開質問状には一切答えない」と述べ、答えない理由を聞かれても「理由はない」と述べるのみでした。

審尋が、以上のような内容であったにもかかわらず、東京地裁は、一一月二二日、仮処分の申立てを認める決定を下しました。

(4) 業務停止処分

一一月二二日仮処分決定から四日後の二六日、小池都知事は、S水産、M水産に対し、一二月一日から三〇日間、仲卸業務の全部停止を命ずる、との業務停止処分を行ないました。

処分の根拠は「条例九十一条及び一〇三条第一項第五号の規定に基づき」とされていましたが、条例一〇三条第一項は、「仲卸業者等が次の各号の一に該当するときは知事が処分を出せる」旨の規定ですから、要するに、処分の根拠は前掲の条例九十一条（業務規程六十四条）違反ということです。

「処分理由」の欄には、「築地市場の閉場に伴い、当該市場施設の使用指定は消滅しました。使用資格が消滅したときは、使用者は、東京都中央卸売市場条例九十一条の規定により、知事の指定する期間内に自己の費用で当該施設を原状に復して返還する義務を負うところですが、……」と記されていました。

(5) お買物ツアーの継続

営業権組合員と市民は、二〇一八年一〇月二三日以降、都の弾圧にもめげず、築地市場正門前での営業・買物を続けました。

築地問題に長年取り組まれてきた水谷和子さんの発案で「築地市場お買物ツアー」と命名され、営業権組合の旗を掲げて実施されました。当初は、組合員が販売し、市民が購入するという分担で行ないましたが、次第に、市民も設営・販売・片づけを手伝ってくれるようになり、さらには、市民が中心になった運営へと進化していきました。

卸売市場法・卸売市場条例の改悪が問題になり始めてからは、水谷さんやお買物ツアーを支えていた市民が中心になって、「卸売市場制度を守ろう！都民連絡会」が結成され、署名活動やシンポジウム開催等に熱心に取り組みました。卸売市場法・卸売市場制度の有数のエキスパートである菅原邦昭氏（仙台市中央卸売市場水産物卸協同組合事務局長）も仙台からしばしば駆けつけて、営業権組合及び都民連絡会の活動を支えてくださいました。

⑹　お買物ツアーを担う仲卸業者に改善措置命令

二〇一八年一〇月二五日、都は、お買物ツアーを担っていた仲卸業者に、田中賢也豊洲市場場長名で「無承認の場外における販売行為の禁止について」という文書を送ってきました。お買物ツアーでの販売行為は、条例七十四条違反にあたるので、早急に中止するよう通告する、という主旨の文書です。条例七十四条は、仲卸業者が許可を受けた市場以外の開設区域[注24]内の他の場所において、知事の承認を受けずに、その許可に係る取扱品目の部類に属する物品の販売を行なうことを禁止する旨規定している条項です。わかりやすく言えば、豊洲市場の仲卸業者は、東京都内の豊洲市場以外の場所で販売行為を行なってはならない、という規定です。

しかし、お買物ツアーは、営業権組合が主催し、営業権組合が販売しているものです。販売する水産物は仲卸業者等が調達してきますが、購入費用は営業権組合が負担して、お買物ツアーでは営業権組合が販売するのですから、第七十四条違反になるはずがありません。

お買物ツアーでは、毎回、営業権組合の旗を掲げるとともに、開始時及び終了時に営業権組合の営業であることを明言していました。[注25]また、一二月一七日にM氏が田中場長に直接提出した報告書にも、個人活動として豊洲市場で調達するが、それを営業権組合に売り、お買物ツアーでは営業権組合が販売している「買物ツアーの仕組み」を明記していました。

しかるに、小池都知事は、一二月一七日「仲卸業者が販売しているかのように見える」を論拠として、「仲卸業務としての販売行為に見えるM氏の旧築地市場での行為を中止させないことは不適切であるため、速やかに中止させること」という改善措置命令をM水産に出したのでした。

5　審査請求での論争

行政庁の処分に不服がある者は、行政不服審査法に基づき、審査請求をすることができます。ただし、処分庁は小池都知事、処分についての審査請求先である審査庁も小池都知事となり、都庁内での担当部局が違うとはいえ、処分庁と審査庁が一致しているのですから、とうてい公平な審査を期待できる制度ではありません。[注26] そのような限界は承知しつつも、業務停止処分及び改善措置命令に対し、審査請求を行なうことになりました。

業務停止処分については、S水産・M水産が樋渡俊一弁護士、岩崎真弓弁護士及び筆者を代

注24　開設区域とは、中央卸売市場からの生鮮食料品等の流通を円滑にする必要があると認められる区域のことで農林水産大臣が指定する。豊洲市場の開設区域は東京都。

注25　開始時及び終了時における明言は、情報公開をつうじて入手した都の資料「旧築地市場における市場業者等の活動状況」という記録にも記されている。

注26　審査庁が指名する審理員も都の役人、審理員意見書が諮問される行政不服審査会も都の機関であり、行政不服審査会の答申を受けて都知事が裁決するというように、手続きのすべてが都の内部で進められる。

理人として審査請求を提起しました。改善措置命令については、M水産が筆者を代理人として提起しました。

(1) 業務停止処分の取り消しを求める審査請求

業務停止処分をめぐる論争では、処分庁が営業権や損失補償については一切答えないとしたため、条例九十一条及び東京高裁平成三年判決が主たる論点になりました。

前述のように、東京高裁判決は、条例九十一条中の「使用者の死亡、解散若しくは廃業等又は業務の許可の取消しその他の理由」は「使用資格の消滅」の理由となるが、市場の移転に伴う市場施設の使用終了は、「使用資格の消滅」の理由にはならないと述べています。要するに、市場の移転に伴う市場施設の使用終了の場合には、条例九十一条は適用されない、ということです。

ところが、都の「処分理由」には、「築地市場の閉場に伴い、当該市場施設の使用指定は消滅しました。使用資格が消滅したときは、使用者は、東京都中央卸売市場条例九十一条の規定により、知事の指定する期間内に自己の費用で当該施設を原状に復して返還する義務を負うところですが、……」(傍点引用者) と記されていました。この文章は、「使用指定の消滅」を「使用資格の消滅」にすり替えています。東京高裁判決が、「市場の移転に伴う市場施設の使用終了は『使用資格の消滅』の理由にはならない」と述べていることに明らかに反しています。

処分庁が審査庁に提出した弁明書にも「本件は、築地市場の閉場に伴い、使用指定の使用期間が満了したことで、市場条例九十一条に規定する『その他の理由により市場施設の使用資格が消滅したとき』に該当し、請求人に原状回復及び返還義務が生じたものであって、請求人の主張に理由がないことは明らかである」(傍点引用者)と、「使用指定の使用期間満了」が「使用資格の消滅」にすり替えられています。

驚いたことに、処分庁は、東京高裁判決の「使用者の死亡、解散若しくは廃業等又は業務の許可の取消しその他の理由により市場施設の使用資格が消滅したときは」の「その他の理由」に、「使用指定の使用期間の満了」、すなわち「市場施設の使用の終了」を入れているのです。東京高裁判決は「市場施設の使用の終了は『使用資格の消滅』の理由にはならない」と述べているのに、それを「使用資格の消滅」の「その他の理由」に入れるとは、甚だしい詭弁です。表Ⅲ2-3を見れば、ゴマカシは明白です。

(2)　改善措置命令の取消しを求める審査請求

改善措置命令をめぐる論争では、「見える」が改善措置命令の根拠となるか否かが主たる論点になりました。

審査請求人は、「買物ツアーのしくみ」(個人活動として豊洲市場で調達するが、それを営業権組合に売り、お買物ツアーでは営業権組合が販売している流れ)を詳しく説明し、処分庁の買物ツアー認識が全く事実に反することを指摘しました。お買物ツアーの開始時及び終了時に営業権組合の営業であると明言していたこと、それが都の「旧築地市場における市場業者等の活動状況」という公式記録にも記されていること、一二月一七日にM氏が田中場長に直接提出した報告書にも、「買物ツアーのしくみ」が記載されていることも指摘しました。

にもかかわらず、処分庁は、自らの買物ツアー認識の誤りを認めることなく、また「見える」を根拠に行政処分できない旨の審査請求人の主張に全く答えることなく、「請求人が仲卸業務として販売しているように見える紛らわしい行為」である旨の表現を何度も繰り返すだけでした。[注27]

結果

審査請求に対して小池都知事が出した裁決書は、案の定、いずれも処分庁の主張をそのまま認めるものになりました。[注28]

業務停止処分についての裁決書には、条例九十一条及び損失補償の必要性について、次のように記されています。

ア…「使用者の死亡、解散若しくは廃業等又は業務の許可の取消しその他の理由により」という条例九十一条の規定ぶりからすれば、「使用者の死亡」以下は、それらが全て使用者側に理由のあるものであったとしても、「その他の理由」の例示にすぎず、請求人が主張するように、「その他の理由」が使用者側に理由のあるものに限定されるとする根拠はない。…

イ…上記アで述べたとおり、中央卸売市場の移転による場合も条例九十一条の「その他の理由により」に該当すると解されるとすれば、旧市場施設の個別の使用指定が失効した場合に原状回復の必要が生ずることは当然想定されるものである。そうとすれば、同条の「使用資格が消滅したとき」には、条例二十四条に基づく仲卸業者の許可等の業務の許可が取り消された場合のみならず、中央卸売市場の移転により、条例八十八条に基づく市場施設の使用の指定[注29]が失効した場合にも及ぶと解することが合理的な解釈ということができる。

ア・イでは、条例九十一条の「使用者の死亡、解散若しくは廃業等又は業務の許可の取消しその他の理由」の「その他の理由」は、使用者側に理由のあるものに限定されるとする根拠はなく、「中央卸売市場の移転」も該当するとしています。これは、東京高裁判決が「行政上の必要から市場施設の使用が終了した場合」は「市場施設の使用資格が消滅した場合」にあたら

注27　二つの審査請求の処分庁提出書面、及び審査請求人提出書面は、いずれも、筆者のホームページ http://www.kumamoto84.net に掲載している。
注28　二つの裁決書は、いずれも上記ホームページに掲載している。
注29　「条例八十八条に基づく市場施設の使用の指定」とは本件では「築地市場施設の使用の指定」を意味する。

ないとしていることに明らかに反します。

そのうえ、イは、日本語としても支離滅裂、かつ論旨不明の文章です。あえて論旨をたどると、中央卸売市場の移転による場合も「その他の理由により」に該当すると解されるとすれば、旧市場施設の使用指定が失効して原状回復の必要が生ずることが当然想定されるから、市場移転により市場施設の使用の指定が失効した場合も「使用資格が消滅したとき」に該当する、という論旨になります。

イを整理すれば、「市場移転に伴う市場施設の使用終了」が「その他の理由」に該当し「使用資格の消滅」を生じるとすれば、……市場移転により市場施設の使用の指定が失効した場合も「使用資格が消滅したとき」に該当するということになり、「AとすればBである」という文章のA（条件）とB（結論）が一致しています。条件と結論が一致しているのでは、何のために論理展開しているのか、わけが分からない不可解な論旨というほかありません。

このような、文章としても論旨としてもわけが分からないお粗末な裁決書によって、業務停止処分が正当化されたのです。

ちなみに、裁決書では、随所で東京高裁判決に反した見解を述べていますが、同判決については、「市場の移転の場合に条例九十一条が適用され得るか否か」という主要争点が本件と全く共通しているにもかかわらず、「住民訴訟の事案であり、その判断は個別具体的事例に即して行なわれたもので、本件とは事案を異にする」の一言で済ませています。

改善措置命令についての裁決書には、次のように記されています。

外形的に「請求人が仲卸業務として販売しているように見える」のであれば、仲卸業者が使用指定された場所以外で物品を販売していると第三者から認識されるものであるから、……処分庁が行政処分を行なうことは何ら問題がないものである。

お買物ツアーの開始時に「営業権組合の営業です」と明言したうえで営業していたことも、都の公式記録にその旨記載されていたことも全く無視して、何の証拠も無しに、「見える」だけで処分しても問題ないとしているのです。

Q＆A

――東卸の定款は、明らかに中小企業等協同組合法に違反していますね。

長年、漁協の定款を見てきましたが、漁協定款に関しては、水産庁によって「模範定款」が作られており、都道府県の水産部局によって漁協定款が「模範定款」に従って作られているか否かが一字一句チェックされるので、違法な定款はあり得ません。

しかるに、東卸では、おそらく大日本帝国憲法下で作られたと思われる違法な定款がいまだにまかり通っているのには、驚きました。

――都は東卸定款が違法であることに気づいていないのでしょうか。

当然、知っているはずです。しかし、そのままにしているのは、組合長や理事会の専制がまかりとおっているほうが、都にとって都合が良いからでしょう。

――都にとって都合が良い、とは？

組合長や理事さえ懐柔すれば、都の思うように組合を操縦できるからです。「豊洲移転の機関決定」も、だからこそ決められたのです。適法な定款になれば、都による懐柔も操縦も容易でなくなります。

東卸は、行政と組合の癒着の下で、行政に忠実な組合長や理事が組合内で力を持つようになっています。組合運営も不公平になり、豊洲移転の際にも、仲卸業者の移転先をめぐって、組合長や理事に近い組合員が有利な位置を優先的に確保できたのです。

組合運営を真っ当なものにするには東卸定款を適法なものに是正させることが何より大事です。加えて、協同組合法には、組合は組合員に奉仕するための団体であるという大原則があることを多くの組合員が知れば、組合長や理事による専制を防げるはずです。

――威力業務妨害罪とは、よく思いつきましたね。

実は、築地閉場の二日前に思いついたんです。営業権組合のHさんと電話で話した時に、警察や機動隊が来るのでは、とみんなが怖がっていると聞いたので、「何も違法なことをやるのではなく、営業権に基づいて営業するだけなんですから、怖がることはないですよ。違法行為をやるのは、営業を妨害する都のほうではないですか」と話したのですが、電話を終えた後、自分の言った言葉を反芻するうちに、テレビ等でよく耳にする「威力業務妨害罪」という言葉を思い出し、調べてみたら、ピッタリだったんです。

通常は、権力側が使う言葉なのに、こちらが使ったので、都も警察もビックリしたことでしょう。十月十一日には、築地市場正門から百メートルほど離れた道路に機動隊の装甲車が何台も待機していましたが、「威力業務妨害罪」の効果があったのか、一切手出しはしませんでした。

――卸売市場法十四条を読むと「築地市場の廃止」はとても困難だったように読めますね。

素直に読むとそうなります。だからこそ、都は、第十四条に注目されないよう、「位置及び面積の変更」で進めると宣伝したのでしょう。

しかし、「都内の十一の中央卸売市場で一つの中央卸売市場」という言い訳はあまりに無理ですし。正式な手続きを見ると「築地市場の廃止」及び「豊洲市場の新設」の手続きを採っているのですから、「位置及び面積の変更」は、第十四条に注目されないための宣伝だったことになります。

ところが、政府答弁書があったために、反対運動側も誤魔化されたのでしょう。N氏などは、政府答弁書を金科玉条のように言っていましたから、それ以上は思考停止してしまったのでしょう。

従来、政府答弁書は閣議決定されるので誤りがない、と思われてきましたが、近年は「安倍昭恵氏は私人であると認識している」との政府答弁書からわかるように、いい加減なものがたくさん閣議決定されていますので、疑い返す必要があるということです。

――築地市場という世界有数の規模の市場の移転で補償が全く支払われなかったというのは、常識で判断してもおかしなことですね。

築地市場の移転時の卸売市場法は昭和四六年に制定されたものですが、その前身の大正一二年（一九二三年）制定の中央卸売市場法では、第七条に「卸売市場の廃止」に伴う損失補償の規定が設けられていたのです。実際、東京日本橋の魚河岸には、江戸時代以降、「板舟権[注30]」と呼ばれる営業権がありましたが、日本橋魚河岸が廃止になって築地市場が誕生する際、板舟権の消滅についての営業補償をめぐって大問題になったのです。

損失補償の規定を含まなかった旧憲法の下で「卸売市場の廃止」に営業補償がなされていたのに、損失補償の規定を含む新憲法の下で「卸売市場の廃止」に営業補償が全く支払われなかったのですから、憲法が如何に蔑ろにされているか、ということです。

――昭和四六年卸売市場法には損失補償の規定はないのですか？

旧憲法には損失補償の規定がなく、個別法に規定がある場合のみ損失補償が必要とされていたのですが、新憲法では二十九条に損失補償の規定が設けられたので、個別法に損失補償の規定を設ける必要がなくなったのです。昭和四六年卸売市場法に損失補償の規定がないのもその一例です。ですが、そのために、かえって損失補償が無視されがちになったのです。

しかし、個別法に規定がなくても、憲法二十九条に基づいて直接損失補償を請求できるのです。

――行政は、損失補償の必要性を知っておかなければならないはずですが。

大谷課長の「都民みんなのための公共事業なのだから、仲卸業者等は容認すべき」は、平等原則を全く理解していない驚くべき発言、公務員としてあるまじき発言ですが、おおかたの都の役人の認識を示すものでしょう。東京都は巨大な縦割り組織なので、自分の業務に関する個別法は知っていても憲法に無知な役人が特に多いように感じました。

戦前には大谷課長のような認識が市民にも一般的で、「お国のために」と思わされて戦争等で犠牲になったのですが、今でもなお多くの市民がそこから抜けきれずに犠牲を強いられ、泣き寝入りさせられています。

市民が、平等原則を知り、「みんなのための事業だからこそ、特定の人が犠牲を強いられるのは不公平」というように認識を一八〇度変えることが大事です。

注30　魚類を販売するのに幅一尺、長さ五、六尺の平板を並べて売っていたが、この平板を「板舟」といい、板舟を並べる権利を「板舟権」あるいは「板船権」と呼んで、売買や譲渡、さらには賃貸までされていた。

――東京都は、営業権や営業補償については論じない、としていますが、築地市場の仲卸業者等が営業権を持っていることは知っていたのではないですか。

築地市場で営業権が売買されていたことは、築地市場では常識のことでしたから、築地市場内に事務所を設けている東京都も当然知っていました。しかし、営業権を認めると営業補償が必要になるため、知らないし論じない、として、論点を条例の解釈に限定したのです。

東京都は、仲卸業者との話し合いを一度だけ持った際、新宿都庁からわざわざ築地市場まで大谷課長らが足を運びました。いつもは新宿に業者を呼びつけるのにたまには感心なことをすると思ったのですが、話し合いをする中でその理由が分かりました。大谷課長は話し合いの中で何度も「自分は法律担当ではないが、法律担当部局に問い合わせてきたから絶対に正しい」と言っていましたが、もしも新宿都庁で話し合いを持っていたら、法律担当部局も呼んできなさい、と言われ、営業権や営業補償についても答えなければならなくなるので、それを避けたのでしょう。「都の役人がいうことだから絶対に正しい」という発言も、都の役人が如何に傲慢なエリート意識を持っているか、また如何に「井の中の蛙」か、を如実に物語っています。

――撤回書を受け取らないという対応も子供じみていますし、原状回復計画書も手続きの上でも内容の上でも強引すぎますね。

撤回書を受け取らないというのは、それだけ撤回書の法的重要性を知っていたからでしょうが、通常あり得ない対応です。

都は、六五通もの撤回書が送り付けられたのには頭を抱えたのでしょう。原状回復計画書が法外になったのは、その証左のようなものですが、民民関係ではあり得ない強引な内容・手法を公権力で強引に押し通してしまったのです。

都は、六五社にものぼる仲卸業者をすべて弾圧することは困難なので、原状回復計画書で撤回書を無効にし、それでも残った少数者は見せしめに徹底的に弾圧しようという腹だったのでしょう。

営業権・損失補償の主張に基づく闘いは、免除申請書、撤回書、及び原状回復計画書をめぐる攻防が山場だったと言えます。免除申請書を出さない仲卸業者が数十にのぼっていたら、展開は変わっていたはずです。

振り返れば、N氏の「免除申請書を出してもいい」という発言による打撃は甚大でした。

――N氏は、なぜそれほど重大な免除申請書を出してもいいと言ったのでしょうか？

N氏に聞かないと分かりませんが、N氏が主導してきた移転反対運動と営業権に基づいて業者自らが闘うような運動とが相容れなかったことに起因していると推測します。N氏にとっては、移転反対運動を通じて如何に自分が手柄や得点を挙げられるかが関心事だったのでしょう。

N氏は、自分の発言について謝ることもせず、撤回書も一切集めませんでした。それどころか、撤回書集めを呼び掛けるビラを作って配布していた営業権組合員Sさんに「撤回書集めの記述を削れ」と言ってきましたから、うっかりミスでなく、確信犯であることは間違いありません。

――「築地市場の豊洲移転」で損失補償が必要なのは、東京高裁判決から明らかだと読めますが。

実は、都は、東京高裁判決をずいぶん気にしていたのです。大谷課長が、私に電話してきたことがありますが、その際、「判例はいくつ持っていますか」と尋ねてきました。東京高裁判決を入手しているか否か、探りを入れたのでしょう。M氏も、M氏が東京高裁判決を持っているのを田中場長が見たときに顔色が変わった、と言っていました。

裁決書では、「住民訴訟の事案であり、その判断は個別具体的事例に即して行なわれたもので、本件とは事案を異にする」との理由で東京高裁判決を無視していますが、具体的事情が全く一致している事案などあるはずはなく、そんな理由で判例を無視できるなら、一切の判例を無視できることになってしまいます。

本件と東京高裁判決の案件とは、最大かつ唯一ともいえる争点の「市場移転の際に条例九十一条が適用されるか否か」が全く同じなのですから、無視してよいはずがありません。

――コロナ禍で休業要請や時短要請に応じた業者には協力金が支払われましたが。

補償金は、公的制限を強いる「公」の義務であるのに対し、協力金は「公」が任意かつ恩恵的に与えるもので、両者は全く異質です。補償金は要綱等で算定方法が決められているのに対し、協力金は、お上からのお恵みですから、いくら少額でも違法とは言えません。

コロナ禍での休業要請や時短要請に際しても、本当は損失補償が必要だったのです。実際、そう指摘する見解も散見されました。しかし、実質的には「強制」に等しかったものの形式的には「要請」という形をとったことから、補償金でなく、協力金とされたのです。また、コロナの場合には、飲食店のみならず、関連業者等にまで対象が広がりかねないことや終息までに何度要請が必要になるか予測できなかったことなどから、財源に不安があったことも協力金とされた要因でしょう。

協力金も、当初は店舗の規模に関わらず一律に支給されたため、小規模業者が営業を続けるよりも潤う一方で、大規模業者が疲弊するという不公平な制度だったことは大きな問題です。そのために、何十年と続いてきた老舗の店を含め多くの店が廃業に追い込まれたのは、残念なことであり、行政の横暴どころか犯罪といっても過言ではないと思います。

そんな問題だらけの協力金ではあれ、コロナ禍での休業要請等には支払われたのに対し、対象業者が限定され、一度きりの支払いで済むため、より補償金を払ってしかるべき「豊洲移転」には協力金すら支払われなかったのです。

――東京都は、「市場移転によって使用場所が消滅するから、使用資格も消滅する」と言っていますが、東京高裁判決の判示事項とは違いますね。

「使用資格が消滅する」とは「使用資格を失う」ということです。使用資格の喪失は、使用資格を満たしていた使用者が使用資格を満たさなくなることに因って、すなわち使用主体の変質・変化に因って生じます。

ですから、行政の決めた市場移転に因って使用資格の喪失が生じるはずはないのです。市場移転に因って生じるのは、「使用場所の消滅」であって「使用資格の消滅」ではありません。東京高裁判決も「行政上の必要から市場施設の使用が終了した場合は、使用資格の消滅にあたらない」と判示しています。

ところが、都は「使用場所が消滅するから使用資格が消滅する」としているのです。その点だけからも、行政の決めた「豊洲移転」に条例九十一条を適用することは間違いであり、違法といえます。

――「豊洲移転」後、築地市場は解体されるのですから、原状回復する必要はないのでは？

条例九十一条は、業者が使用資格を失って市場から退出し、空いた市場施設に新たな業者が入ってくる場合に適用される規定なのです。その場合に業者に「原状回復・返還義務」があるのは当然です。

他方、「築地市場の豊洲移転」の場合には、築地市場は移転後に解体されるだけで、市場施設が空くこともないし、新規に参入する業者もいませんから、業者が負うのは、「原状回復・返還義務」ではなく、「廃棄物処理の義務」のはずです。その法的根拠は、卸売市場法や条例ではなく、廃棄物処理法です。

――「豊洲移転」に際して、業者の所有する設備・備品等は、どうすればよかったのですか。

豊洲で引き続き使えるものは豊洲に移転させ、豊洲では使えなくなるものについては損失補償を請求し、その他のものについては、廃棄物として処理すればよかったのです。

――豊洲では使えなくなるものもあったのですか。

仲卸業者の店舗は豊洲に移ると手狭になるなどの理由で使えなくなった設備・備品がありました。つまり、東京高裁判決に言う「市場の移転に伴い、旧市場において設置し又は取得した設備、備品等に生じたいわゆる付随損失」が生じたのですが、損失補償は全く支払われませんでした。

――東卸の機関決定の問題、「廃止の認可」の問題、営業権や営業補償の問題が早くから知られていれば、築地市場の移転もスムーズには進まなかったのではないでしょうか。

行政と闘うには、情緒に訴えてもだめで、法律に基づいて闘うことが肝腎です。

事業に関して、直感的におかしいなと感じることがあれば、事業の法的根拠、特に権利者からの同意取得に関する規定を調べていくと、たいていの場合、違法な点が見つかるのです。

ところが、事業実施に反対する運動では、通常、そのような取組みは全くなされません。「築地市場の豊洲移転」でも、二十年あまりにもわたる反対運動が展開されていながら、そのような取組みは、私が関わるまで全くなされていませんでした。

私が関わり始めたのは二〇一八年五月頃からで、次第に法的問題点がわかってきたのですが、「築地市場の豊洲移転」の長い経緯からすれば移転直前のことで、遅すぎました。

——宇都宮健児弁護士と女将さん会が二〇一八年九月二〇日に人格権で提訴しましたが。

人格権とは、生命・身体・自由等の利益を目的とする私権で、生命や健康を脅かすような事業に対して人格権に基づく差止訴訟が提訴されることがあります。

事例が多いのは、廃棄物処分場の建設差止ですが、勝訴は、事業主体が民間事業者である産廃処分場に限られ、行政が事業主体の場合には皆無のようです。例外的に大飯原発差止訴訟の福井地裁二〇一四年判決で電力会社相手に人格権に基づく差止が認められたのですが、二審の名古屋高裁金沢支部二〇一八年判決では一審判決が覆されてしまいました。

過去の判例に照らせば、「築地市場の豊洲移転」を人格権で止めるのは、万に一つの可能性もなく、過去の人格権訴訟の訴状を丸写しすれば済む程度の、単なるポーズとしての提訴に過ぎない、と感じました。

実は、宇都宮弁護士の提訴の際に、営業権・損失補償の主張を訴状に盛り込まないかとの誘いをN氏を通じて受けたのですが、「ポーズとしての提訴」に盛り込んでも人格権と一緒に葬られるだけに終わる、それよりも営業権を持つ業者が営業権を行使し続けることが大切だと思っていましたので、断わりました。

断った理由は、もう一つ、埋立・ダム等に取り組んできた今までの経験から、行政相手の闘いでは、できるだけ裁判を避けたほうがいいと思っているからです。残念ながら、現代日本では、三権分立が機能しておらず、裁判所が行政に付度して権力の番犬の役割を果たしています。ですから、行政相手に提訴すると、行政は裁判所から判決や決定というお墨付きを得られるので、大喜びするのです。案の定、人格権に基づく仮処分申立ては、提訴から二週間後の十月四日にあっさり棄却されて終わりました。

――お買物ツアーに関してM氏が田中場長に提出した報告書には「営業権組合の販売」であることが明記されていたのに、なぜ無視されたのでしょうか。

理由は単純で田中場長がM氏の記入を理解しなかっただけです。報告書とはいっても、記入欄に箇条書きふうに三行程度記載していただけの簡潔なものでしたから。田中場長が理解していなかったことは、報告書提出から数カ月経って、場長がM氏と会話する中で初めて理解して「よく考えつきましたね」とずいぶん感心していた、とM氏から聞いたことから分かりました。

しかし、「買物ツアーの仕組み」は、条例違反を免れるために無理に考えついたのではなく、買物ツアーでの物品の調達・販売行為を整理しただけのことです。何の証拠もなく、「見える」を理由に処分した東京都が異常というほかありません。

裁決書は「外形的に『請求人が仲卸業務として販売しているように見える』のであれば、仲卸業者が使用指定された場所以外で物品を販売していると第三者から認識される」としていますが、そう認識する第三者とはいったい誰でしょうか。お買物ツアーでは、営業権組合の旗を掲げ、開始時終了時に営業権組合の営業であることを説明していますので、参加者が誤解するはずはありません。「通行人が認識する」と反論するかもしれませんが、一般の通行人が豊洲の仲卸業者を識別できるはずがありません。ですから、認識する第三者など誰も居ないのです。

――審査請求では、処分庁の主張をそのまま認めるだけの裁決になりましたが、覆すことはできないのですか？

裁決があったことを知った日の翌日から六カ月以内に処分取消の訴えを提起することはできますが、勝訴するには多数の業者が訴訟に参加することが必要ですので、豊洲市場に移って収益が減少した業者が多数参加して国賠訴訟[注31]に立ち上がることを期待しました。

実際、豊洲に移って収益が減少したのですが、二〇二〇年二月頃から新型コロナ禍が始まって大幅な収益減をもたらしましたので、移転を収益減の原因と特定することが困難になりました。同じく、コロナ禍の影響でお買物ツアーも実施困難になりました。

――卸売市場法や業務規程（条例）が二〇二〇年に大改悪されました。

卸売市場制度の改悪は、「世界で一番企業が活動しやすい国をめざす」としていた安倍政権の政策の一環として実施されたのです。

安倍政権のもと、官邸主導の「規制改革」によって、種子法廃止、漁業法改悪、水道民営化等が進められました。種子法廃止は、品種改良を支えてきた公的助成を廃止し、多国籍企業の品種に途を開くものです。漁業法改悪は、漁業権の取得を企業に開放しようというものです。水道民営化は、水の多国籍企業に水道事業を開放しようというものです。

「規制改革」とは、要するに、民衆の生活基盤・生産基盤を多国籍企業や大企業に開放し、差し出すことにほかなりません。

種子法廃止等が生産分野における改悪であるのに対し、卸売市場制度の改悪は、流通分野における民衆の生活基盤を多国籍企業や大企業に差し出そうとするものです。卸売市場では、生産者の立場に立つ卸売業者と消費者の立場に立つ仲卸業者が競り（せ）をつうじて公正な価格決定を行なってきましたが、その機能をなくし、大企業が価格支配できる制度に変えるもの、端的に言えば、公共財産である卸売市場を解体し、大企業の物流センター化しようとするものです。

大企業の物流センター化を進めるには、競りの機能、とりわけ消費者の立場で競りに臨む仲卸業者の存在は邪魔になりますから、卸売市場制度の改悪は仲卸業者を消滅させることを狙っているのです。

実は、豊洲市場は「大企業の物流センター化」を先取りした市場なのです。前掲「市場問題プロジェクトチーム第一次報告書」でも、豊洲市場を物流センター化する方針が示されるとともに豊洲移転で仲卸業者数が急速に減少することが予想されており、「豊洲市場の将来像（概ね十年後までの想定）」という項目に「豊洲市場の将来の姿は、かつて人が入り乱れて株の取引を行っていた兜町から、ＩＴで取引される証券取引所への変化を思い起こさせる。そこには、競

注31　国賠訴訟とは、国家賠償訴訟の略称で、違法な行政活動による損害の賠償を国又は公共団体に請求する訴訟。

りを行い、買受人に商品を届ける仲買[注32]の姿はない」（四二頁）と記されています。

――卸売市場制度の改悪後も営業権や営業補償の必要性を主張できるのでしょうか？

営業権の根拠は超過収益力にあります。許可や暖簾があれば営業権があることは確かですが、それらがなくても超過収益力があれば営業権はあります。都市計画道路事業で道路拡幅によって損失を受ける店舗に必ず営業補償がなされるのも、道路沿いの店舗が一般市街地における店舗よりも超過収益力を持つからです。超過収益力があれば営業権があり、超過収益力を損なう行為をするには営業補償が必要です。

卸売市場制度改悪では、業者への許可はなくなりましたが、卸売市場内の業者が一般市街地の業者よりも超過収益力を持つことに変わりはありませんから、営業権があり、超過収益力を減少させる行為には営業補償が必要と言えます。市場移転の際の付随的損失補償も、東京高裁判決に照らせば明らかなように、引き続き必要と言えます。

ですから、「築地市場の豊洲移転」の経緯や問題点を指摘しておくことは、今後の卸売市場にとっても意義のあることです。さらに、生命や健康よりも企業の儲けを優先させてきた「規制改革」の弊害が明らかになるにつれ、見直しがなされる可能性もありますから、将来、公正な価格決定機能を備えた卸売市場制度が復活することも充分にあり得ると思います。

注32　仲買と仲卸は、生産者と小売業者の間で売買を行なう点では共通しているが、仲卸は卸売市場内でのみ売買を行なう。したがって、仲買は仲卸を含む概念である。

特別寄稿

築地市場移転と「開発独裁」

水谷和子

開示請求が発端の住民訴訟

東京五輪の季節も去り、石原慎太郎（元知事）も去り（二〇二二年二月死去）東京には巨大開発が残った。森喜朗と石原慎太郎が執念を燃やした五輪招致は二〇二一年夏に実現し、森喜朗らの画策した通り旧国立競技場は取り壊され、周辺一帯の都市再開発に東京都都市計画審議会はゴーサインを出した。百年の樹齢を誇る明治神宮外苑地区の約千本の樹木が伐採、巨大なビル群が出現する予定だ。

都有地だった晴海の選手村も、九割またはそれ以上がタダ同然で民間に払い下げられ、五輪の政治利用による開発事業の異様さがいよいよ目に余るが、築地市場も五輪に利用され翻弄された一つだ。

私が築地市場移転問題に係わったのは二〇〇八年、石原慎太郎都知事が二〇一六年開催の五輪招致に前のめりになっている頃。たまたまやってみた人生初の開示請求で、都が嘘のデータを専門家会議に報告していたことを豊洲の地盤調査資料から見つけてしまったことから始まる。

二〇〇九年豊洲土壌調査のコアサンプル廃棄差し止め訴訟、翌一〇年第一期の汚染地購入分の返却を知事+都幹部に求めた公金損害賠償請求の住民訴訟、一一年には二期目の汚染地購入について石原慎太郎氏に五七八億円の返却を求めた同住民訴訟の提起。一連の訴訟は二一年一一月、最高裁の上告が退けられ一二年に及ぶ一連の裁判は残念ながら敗訴に終わった。

しかし都の行なった行為が恐ろしく非民主的だったことを裁判の過程で解明できたと思う。裁判も後半になる一六年に登場した小池百合子都知事の裁判方針変更で「都が出せる資料は全部出す」ことになり、裁判資料は膨大になった。

弁護団は「住民訴訟でこんなに資料が出たのは奇跡的、これで敗訴なら訳が分からない」と言った程だ。豊洲市場用地の不正な取得過程の「奇跡的」資料は、今後起こりうる不正な公共事業の歯止めに使われることを願う。

第一次汚染地購入訴訟判決文に「答弁内容の適否ついては、それ自体石原らや東京都の政治責任を問われる問題である」として、都議会で繰り返された虚偽答弁に言及、裁判官も呆れる程であったのだ。

築地市場移転の目的として、二三haに及ぶ広大な都有地の再開発がある。そのために行なわれた嘘と隠蔽と二枚舌と開き直りの都の官僚の腐敗振りに驚くばかりだったが、同様の土壌汚染対策を利用した国の不正事件、森友問題が明るみなり、腐敗が国全体に広がっていることが分かった。これが民主主義の国で起こることなのだろうか。

都政の腐敗・開発独裁

一連の出来事は、一九七〇年台に東アジアで起こった「開発独裁」を想起させる。第二次大戦後の独立と復興過程、軍政又は一党独裁の長期政権下で行われた経済政策が「開発主義」だが、徹底して非民主的に行なわれたので「開発独裁」と呼ばれた。この手本が明治以降の日本の経済政策だったと歴史学者は言う。通産省官僚主導の権威主義がベースあったとされるが、それではたと気が付いた。現在の国政は経産省優位に動いている。築地市場等中央卸売市場を統括していた農水省にも経産省出の官僚が乗り込み、卸売市場制度を破壊、築地市場廃止の最終引き金を弾いた。もしかしたら官僚の権威主義による「開発独裁」は敗戦後も連綿と続いているのかもしれない。

さっそく築地市場移転で起こった一連の不正を急ぎ足で報告したい。石原都知事初就任の一九九九年当時、移転反対運動は凄まじく大きかった。築地を利用する買出人、地元商店街、自治会、中央区など一二日間で移転反対の署名が一〇万六〇〇〇人分に及んだ。それに汚染問題が加われば一層移転が難しくなることは必至だった。

「移転話は僕の前からあった」と都知事就任したばかりの石原が言うように、水面下では九五年頃からその工作は始まっている。顕在化したのは九八年、補償問題に発展させたくない都は、自主的に業界が移転を希望したことにしたがったが、業界仲卸団体や水産買出人団体の反対もあり、移転について業界六団体はまとまらなかった。

移転先の豊洲東京ガス工場跡地の用地交渉もすっかりつまずいていた。売却した場合、地質汚染の発覚で賠償責任が発生する可能性もあり、所有者の東京ガスが躊躇していたし、何より先行していた区画整理事業計画で、独自の開発を予定していたからだ。そこに乗り込んだのが、就任早々の石原都知事と腹心の濱渦副知事。凄まじい工作が始まったのはそこからだ。後に開示される都議会百条委員会の資料に克明に記録されている。

石原慎太郎と腹心濱渦副知事の登場で始まった二枚舌

石原が移転事業に乗り込んだ大きい理由は公約に掲げた「財政再建」にある。一九八〇年代に鈴木俊一都知事が金丸信と組んで行なった臨海副都心開発は九〇年頃のバブル崩壊で見事に弾け飛んだ（東京都が不動産屋まがいの事をやってはいけない）。都財政は赤字転落の危機にあったのだ。財政再建に流用されたのが、卸売市場会計にあった築地市場再整備費二四〇〇億円だ。築地の新市場施設は九一年に着工されていたが、一般会計に四〇〇億円を「貸し出した」九四年に工事を中断、その表向きの理由が工事費の再計算で一〇〇〇億円不足したからというものだった。市場関係者は「市場会計の財布は空っぽらしいよ」と理解させられたことになる。加えて市場会計から二〇〇〇億円が一般会計に付替えられたのは、九九年就任直後の石原都知事によるものだ。これで「財政再建を果たした」と胸を張る石原だった。残念ながら築地関係者や都民は騙されたのだ。

最初から石原は豊洲には興味がない。九九年八月、石原が市場の移転を決断した時に職員が残した「都知事ブリーフィング概要」後に開示されたものだが、あまりの軽さに頭がクラクラする。場所も知らなかった！　新知事の驚きの質問「豊洲のどの部分を使うの？」などの石原発言が余白だらけのA４一枚にぱらりと書かれている。最後は「予算面がなにより重要だな」「ローリングなんかやっていられない。移転しかないな」「築地市場には視察に行く」、たったそれだけで移転を決定。翌月早々に築地市場視察、「古い、狭い、危ない」と移転表明をしたが、その後の石原は築地に足を踏み入れることはなかった。怖かったのだろう。

豊洲市場用地は三七ha、そのうちの五六％を売買取得、残りは（都主導・都市計画よる）区画整理事業の「換地」によって取得した。都は付近に換地用の所有地が少しあったからだ。区画整理事業は汚染地評価を曖昧にすることが可能だが売買はそうはいかない。そのことを濱渦副知事は知っていた。売買時に財産価格審議会の壁あり、汚染地評価を避けては通れない。豊洲東京ガス跡地は国内最大級の汚染地であることは、東京ガス自体が分かっている。まともに評価すれば土地代金はゼロ、むしろ負債になるほどなのだ。売買で汚染の除去費用を請求されてはたまらない東京ガスは用地交渉を渋ったが、都側は築地市場売却で市場会計操作を取り繕う必要があり、濱渦副知事は早々に汚染の残置を東京ガスに約束をした。その上で表向き都民や市場関係者には「汚染は処理された」と嘘を付く「二枚舌」の決断をした。財産価格審議会を突破するためだ。それから都の二枚舌が続くのだが、それがいつまでも続いた訳ではない。

二枚舌の破たん

五輪招致に政治生命を掛けた石原だが、二〇〇七年知事選は落選の危機にあった。選挙に臨みうっかり豊洲市場用地の土壌汚染調査を約束してしまった。それがその後の移転事業の迷走につながるという予想はできなかったらしい。「厄介な事になってしまった」と、本人以外の都幹部は頭を抱えたに違いない。折角押し通した二枚舌がバレてしまう危機だ。その前年の〇六年、都財務局は「汚染が適切に処理され、既にきれいになった」と虚偽の議案書を作成、財産価格審議会に提出、審議会はその情報を元に「汚染を考慮しない」で、土地を評価し、都は市場用地の一部を購入してしまっている。しかも大量の汚染の残置を認める密約文書を〇五年に東京ガスと交わしているから、いまさら汚染が発覚しては困るのだ。その密約文書も一〇年に朝日新聞が見つけ出し、第一面のスクープ記事になった。それは二枚舌の一部が明らかになった瞬間だったが、慌てて都は異例の反論「見解書」を全マスコミに配った。「この不正を葬らせてはならない」――住民監査請求、住民訴訟提訴に踏み切ったきっかけはこれだった。

〇七年石原は公約の豊洲市場用地土壌調査をさっさと終え、市場移転と五輪招致にまい進するつもりでいた。しかし知事が開いた専門家会議の調査で明らかになった汚染は、環境基準に比べてベンゼン最大四万三〇〇〇倍やシアン化合物八六〇倍（後に九三〇倍）に及ぶもので、これはマスコミにも取り上げられ、多くの人の知るところなった。都は大ピンチであったが、すぐさま「土壌はきれいになった」から「きれいにできる」に説明をすり替えたのだ。石原はそれについて「日本の科学技術を信用しなくてどうする」と記者団を恫喝。言うまでもなく、そういう問題ではないのだが、ツッコミを入れないマスコミに石原はここでも助けられている。

小池百合子都知事誕生とひっくり返ったパンドラの箱

結局、石原都知事の「きれいにできる」も嘘だった。一六年就任の小池都知事は「きれいになったか」を確認する、土壌汚染対策法に定められた地下水の二年間モニタリング、ゼネコン採水の調査にメスを入れた（汚染の除去を確認しないまま汚染された土地での本体工事はほぼ完了してしまっていたのだが）。

第三者の調査機関に依頼したところ、約八〇倍に汚染数値が跳ね上がった。それまでサンプル採水時に「きれいなものを持ってこい」と、直接指示していたことをとうとう白状した都だが「施主が注文して何が悪い」とすぐさま開き直った。これは土壌汚染対策法を根底から骨抜きする話で当然違法、さらに環境行政を預かる地方公共団体としては完全に失格レベルだ。さらに地下ピットに盛土が無いことも判明（これも同法違反だが）、小池都知事は慌ててコンクリートの蓋をしたのだった。結局、豊洲市場は土壌汚染が法基準一〇倍超えの高濃度汚染区域とみなされたまま、前代未聞の市場環境であるにもかかわらず、小池都知事は開場宣言をしてしまった。

五輪の政治利用は小池百合子都知事にも引き継がれる。「一旦立ち止まる」と築地移転を選挙利用して、初当選を勝ち取った新知事。開示資料ののり弁批判から始まって、汚染地購入の責任を問う百条委員会まで盛り上げ、マスコミの注目を浴びたが、後にあっさり移転表明。五輪車両基地に間に合うようにとばかり、市場関係者を築地から追い出しにかかり、抵抗する仲卸に営業一時停止命令などの牙をむいたのだ。

以上が築地市場移転の駆け足の一部始終。この事業、地域住民や市場関係者の意見を聞かないばかりか、議会でも平気で嘘を連発、紹介できたのはほんの一部で他にも驚くことがたくさんあった。事程左様に、都知事や都官僚は民主的手続きを踏むのがきらいなのだ。まるで開発至上主義の「開発独裁」ではないか。開発の便益を受けた者はいったい誰だったのか。

開発独裁国では八〇年代に民主化運動が沸き起こった。今の東京都やこの国には「開発」民主化運動が必要なのかも知れない。

卸売市場制度の早急な再確立を

菅原邦昭

はじめに　卸売市場制度誕生の経緯

卸売市場制度は、大手企業などの不当な買占め、価格吊り上げ、零細農民の買い叩きから全国の地域住民を守る制度として一九二三年（大正一二年）制定の中央卸売市場法に基づき誕生したものです。

誕生の背景は、一九一八年（大正七年）に富山の「細民、貧民、窮民」[注1]による米の入手難についての役場への抗議運動が発端となって各地へと広がった「騒動」でした。しかし、それが日本史上最大の人民蜂起へと発展したのです。これは、現在も調査されている各地の米騒動調査記録によって明らかにされている事実です。帝国政府が最後まで、そして今日まで、未だに「米騒動」なる命名のままとしているのは、この事件を過小に伝えるためです。

蜂起は、全国に及び、その対象は、食品問屋[注2]にとどまらず、帝国政府へと向かおうという勢いとなりました。

この原動力となったのが、それまで官憲の監視を潜り抜けて密かに組織されてきた各地の労働組合です。それらが初めて公然と一斉に人民に呼応し、声を上げ行動したのでした。帝国政府は、前年のロシアでの「労農同盟」による「ロシア革命」に準(なぞら)えて驚愕し、この鎮圧に、軍隊を大動員し、銃剣使用のもとに多くの犠牲者を生んで何とか制圧したのです。

この「蜂起制圧」に帝国政府がどれほど安堵したかは、例えば首都東京の鎮圧をした正力松太郎などが、その「功」に、天皇より叙せられ、一気に「立身出世」したことにも見ることが出来ます。特に彼の場合、戦後、米政府の占領政策右転換後は、日米両政府の一層の厚遇を受け、その後継も、その次の渡辺恒雄も、現在に至って政府と共に日本の右傾化に努めています。それは、日本の右傾化が、現米政府の了解のもとにあることを如実に示しているものです。

この人民大蜂起に肝をつぶした帝国政府は、やむなく、生鮮食料品の価格形成と流通の「大改革」に踏み切ります。これを取り仕切った大野勇という官僚は、みずから京都中央卸売市場の初代場長となり、理論と実践の研究を重ね、「世界一の人民の卸売市場制度」と賞賛されるものを作ったのです。

一方、帝国政府は人民蜂起の再来を完全防止するため、人民の運動を萌芽の段階で徹底刈り取りする世紀の悪法、あのヒトラーさえ羨んだ「治安維持法」を制定します。特別高等警察、通称「トッコー」による庶民の日常の監視による恐怖社会が始まり、その凶暴さは、戦後の特高官

注1　当時の政府や新聞の表現に基づく表現で、今日にいう庶民のこと。
注2　今日にいう商社。

僚の行政への復活で、日本庶民特有の行政権力への追随体質として永く受け継がれるのです。

1　二〇一八年「改正」の狙いは「日本各地の資源と住民の総植民地化」である

これからの「彼等」という表記は、特に断らない場合、米欧日の財界、政界、官界らで構成された、多国籍資本ら巨大企業の利益共同体制を取っている集団のことを指します。[注3]

〝彼等〟が二〇一八年に「卸売市場制度の改正」＝「卸売市場制度の実質廃止」を行なった理由は、「日本全国の地域資源と住民という労働力を植民地同然に安価に扱えるようにする」ためには、不可欠な「関門」だったからです。何故か、について要点を述べます。

ご承知のように、憲法は、地方が地方ごとの自然がもたらす富を生かして、その「地域経済」（これこそが本来の「経済」の意味するところ）＝「住民生活力を形成することのための政治運営」については、住民自治原則、つまり、その地の住民である「地域住民の自治によるべきこと」を国家に命じています。

そのため地域の自然がもたらす富の地方自治に基づく活用などに関する農林水産関連諸法は、特別な例外規定をされている場合を除いては、主として地域自治、地域経済活動に関する諸法と共に、通常は、「地方自治の経済的自立と自律」に資する形で自主運営するものと定め、必要な自治体間の連携や相互支援を促進することなども定めてきていました。

しかし、これらの地域農林水産業に関連する諸法は、この数年の間に「改正」され、大資本が地域農林水産業に自由に入り込み、地域資源を大資本の収益拡大に活用出来る方向へと「大企業を利する一定の規制緩和」が為されました。

更に、地域の農林水産業者には、種子法の廃止に見るように、農家の自由な農業生産に「大幅な制限」を敢て（あえ）付け加えるなどの、地域の環境や資源を自主的創造的に地域に生かす経済活動を出来なくするなどの、地域業者と地域経済に対する「不当な規制強化」が行なわれました。

2 破壊された卸売市場制度の社会的使命、存在意義は

これらに次いで、今回、「改正」の名で実質廃止されたのが「前卸売市場法」に基づく、「卸売市場制度」です。「卸売市場制度」とは、資本主義の最大の欠点である資本力、金権による腐敗した「経済活動まがいの私利私欲の専横」を、地方自治体の権限によって防いできたものです。

これは、タテマエでなく、生鮮食品等の日々の流通という、陰もひなたも生まれやすい複雑な取引環境の中で、資本主義の金権支配を、決して過大な表現ではなく、「具に拒絶する役割を発揮」して、資本主義という金権による凶暴化の流れを巧みに防止し、公正流通を守るもの

注3　しかし、事実上、〝彼等〟は、軍産複合巨大資本を中軸として、様々に紛争や戦争の危機や実行を収益拡大の基本戦略として用いることを常としていますから、そういう意味で　必要に応じ「多国籍資本軍団」と略称することもあります。

として，先述の様に世界の識者に賞賛を受け続けてきたものです。

このことによって、厳正に、且つ、公正・公平・公開原則のもとに、資本の大小や不当な権力活用、特別な人脈による不正行為の一切を防止し、地域経済と住民の食生活の安全と安定に貢献する役割を発揮してきたのです。

この仕組みの要点は、大資本の農林水産生産者への買叩きを防止し、一方では、地域中小小売店の通常経営や地域住民の食生活を脅かすような、在庫隠しなどによる不当な価格吊り上げを防止するため、経済学で言う「完全競争」システム（それぞれの商品を、その地域の需要力と供給力を突合させることで決定すること）を採用しているという点です。

こうすることで、購入する企業の資本の大小による有利・不利の発生を排除した公正で公平、誰にでも公開された流通を実現してきたのです。

以上から明らかなように、〝彼等〟の「日本各地の資源と地域住民の総植民地化」の狙いにとっては、このような地域住民自治原則による、地域の農林水産品の価格形成に関する仕組みが残っていることは、如何に、ジャマであるかがお分かりでしょう。地域の農林水産関係法を〝彼等〟にとって都合よく変えたにしても、この卸売市場制度は地方自治に関する「特別法」であり、これが残っている限り、その野蛮な欲の果てをめざすには、〝彼等〟にはジャマな存在であったのです。

そこで、農林水産関連諸法の破壊の後に、卸売市場法も破壊されたのです。

3 闘いは地域自治から

しかし、これらが〝彼等〟によって為されたからといって、「総植民地化」行きの全てが決したわけではありません。

既に要旨を述べたように、地域の農林水産業や卸売市場制度に関わることは、国が法律を作ったり、改正したり廃止したりするが、それを自治体はどうするかなのです。

これが、地域の農林水産業に関する「地域の住民自治に基づく地域経済運営の原則」です。つまり、自治体が必要と判断すれば条例を作成したり、改正したり、廃止したりする手続きを執るだけです。

ですから、国会で与党などが野党の反対を押し切って法律を強行採決したから、それで終わりではないのです。

4 真の民主主義とは、誰かをヒーローではなく、みんながヒーロー

前掲文が「終わりではないのです」と語りながら文意をさえぎるようですが、国会での地域農林水産関連諸法や卸売市場法の「改正」、「廃止」を受けて、関係する各自治体、地方議会では、おしなべて、ホンの一部の野党を除いては、与党は勿論、ほとんどの野党が、「国会与党の示す方向に賛同する態度」で条例の「改正」や「廃止」等に賛同したのです。[注4]

多くの野党は、国会では農林水産関連諸法や卸売市場法については、与党に対して強硬に反対する姿勢を様々に演じて見せますが、それが実際に適用される現場自治体の地方議会における野党の態度は、随分と違っているのです。

こういうことは、決して珍しい事ではありません。

国会レベルでは、右傾化や極右化に強硬に反対して見せている野党の地方組織が、極右の見本のような人物を「与野党共闘」で「自治体首長選挙」に担ぎ上げている例など、多くの人が見聞したことがあるでしょう。

そこにこそ、私達の国ばかりではなく、一定の「民主制度」を掲げる少なくない国々の政治に、「抜きがたく共存」している「政治という劇場」の「二元的構造」があると思うのです。

何故そうなのか。結論を言えば、代議制民主主義において、私たちは選挙の際にだけ、主権者意識を発揮しているだけではダメなのです。

歴史が、私達に強く警告し続けてきたことは、政治家を、この世の変革のリーダーの様に思い描き、それに期待を寄せるだけである限り、政治は、そしてそれに連なる政治家個人は、常にその期待に応え切れないばかりか、政治と政治家達は、いつしか、その時代の「国家経済勢力」という、国策で結びついた政・財・官に、ほぼ必然的に迎合的となり、究極的には従属的になるからです。

私達は、巧みなストーリーで構成されたサスペンスドラマなどで、極めて自然に演じられ、身近にもいるように演じられた人物が、結果として問題や事件を個人の才覚と活躍で解決するドラマを、頻繁に見かける生活環境に置かれています。その結果、知らず知らずの内に、私達は、選挙の際の演説やテレビでの発言などで、誰かが（勿論、自分の気に入ったタイプの人ですが）正論を（自分でもそう理解出来る）発しているのを見ると、その人に託そうと思いがちになります。

しかし、人民主権の源泉となる、地域の自治や地域経済の運営は、私達が、託した人と共に考え取り組むことが必須です。

日常から、共に命と暮らしを支えあえる地域を作りたい、そういう共通の目標を持った仲間を作り、それを拡大し、共に自治体に働きかける自主的自覚的住民運動があちこちで起こる中でこそ、真に住民自治を基盤にした自治体の議員は生まれるのです。これは理想論では無く現実論です。

「ヒーロー待望論」や、「めざすべき社会の中味のことは後回しで、とにかく与党にとって代われる野党共闘待望論」などでは、今まで同様、結局、問題を先送りするだけで、何も変わらないし、住民が考えて政策を作る場は無いし、それでは〝彼等〟の狙いに取り込まれてしまう危険を増すだけです。

注4　但し、「種子法廃止」については、一部の県レベルでは、独自に、「種子条例」を作ったという動きはあった。

被抑圧者の生活破壊を防止する具体策の無い野党共闘が、今迎えている混迷が、それを示しています。

たとえ、一からやり直しに思えても、問題を解決するための、本物の取り組み方を共に考え構築しない限り、私達の閉ざされた未来を押し開くことは出来ません。

同時に、ここで明確にしておくべきことは、これまでの社会変革史を見ても、問題は、圧倒的多数の被抑圧者が、どう動くかで、運動の質もスピードも大きく変わるという事実です。変革の決定的瞬間は瞬時に訪れることを、歴史は私達に教えていることも、思い起こす必要があります。

5　非論理性で共生世界の持続を破壊するに至った「巨大私物化資本主義の終焉」

あらためて私なりに定義させて頂くなら、「多国籍資本主義」とは、資本主義の断末魔です。そして、「新自由主義」は、断末魔の最後の足掻きです。

「新自由主義」という名の「地球資源と人民を丸ごと植民地化」という悪しき企みは、間違いなく、人類の階級社会との決別のための闘いの最終章のタイトルになると考えます。それは、人類の命と暮らし、その共生のための大自然という富の、「大規模な私有化」、「やりたい放題をして何が悪いという私物化」ということの「合理性」の有無、それらの「論理の正当性」の可否が、今、かつて無いほどの規模でクローズアップされ、問題になっているからです。

てです。

それも、人類の存続、このかけがえの無い地球環境の持続性を脅かしているという問題とし

斉藤公平氏の『人新世の資本論』という本が新書大賞を受賞し、四五万部越えという、経済書としての異例のベストセラーを続けています。

この現象の背景には、勿論、温暖化による気候危機の年々の激化があり、終わりの見えないパンデミックがあります。今、私達は、持続的な地球環境を次世代にバトンタッチできるかどうかの瀬戸際を迎えています。同時に何よりも今年のこれからの各月、予想もつかない過激気候現象を無事に生き抜けるかは、誰にとっても現実的問題となって押し迫っています。

この気候の激化危機から脱出するには、二〇三〇年までには二酸化炭素の排出量を現在の半分とし、二〇五〇年までにはゼロとする必要があると、国際機関は警鐘を鳴らしています。また、次も予想されるパンデミックの危機は、アマゾンなどの人類不到地帯までも伐採を行い、これまで人類の遭遇しなかった新たなウイルスを、無謀な欲による大開発で呼び込んでいることが原因であることも明らかにされています。他の学者の様々な近著を見ても明らかなことは、人類の排出する二酸化炭素などのうちの、その大半の排出責任は、一握りの富裕層と大企業群であり、パンデミックは、多国籍資本軍団による収益拡大のためだけの無謀な自然破壊にあり、それらの人々は、口先だけで「持続性ある社会」を唱え企業宣伝するだけで、この問題に本格的に取り組んでいないと、各著書が厳しく指摘しています。

斉藤氏の書等にも記されていますが、これらの超富裕層は、地球上の安定した気候条件の地を、いつでも手に入れては移動し、高い壁で囲い、自分達だけは、そこを特権者の安住の地にして暮らし続けていこうと、どうやら本気で考えているらしいのです。他の人間は灼熱の中で植民地労働をさせつつ。

そういう利己主義の権化のような思考の裏づけとなっているのは、土地を含めた巨大な資産を私物として所有しているという「特権意識」であり問題の所在だと批判し、これを改めようという運動が起こり始めています。

こういう経緯を歴史は見透かしたように、この特権意識の根源的問題を改めてクローズアップする事態が、プーチンロシアによるウクライナ侵攻という野蛮極まりない帝国主義行為で、世界の人々に改めて提起されました。

それにより、「私的所有、超富裕層の発生原理、国民との著しい経済格差、支配と非支配層の発生原因」などが、全て、一部の国家に巣食う、特権的〝輩（やから≒彼等）〟による、「この自然と大地の恵みの不当で暴力的なお手盛りによる私物化」に起因していることが大々的に明らかにされました。

帝国主義者プーチンと新興超富裕層「オリガルヒ」の犯罪的とも言える権力と金力の私物化というカラクリは、そのまま、多国籍資本軍団らを構成する、各国財界の諸資本の誕生にも当てはまるのは当然です。

斉藤氏もベストセラー著書で述べるように、「本来、地球は誰のものでもないのです」。しかし、その地球の、そこかしこの、利便性の高い広大な部分は、「資本家」の私的所有とされています。その私的所有の威力は、あの「釣りバカ日誌」の、物分かりの良い、人の良さそうな鈴木建設の鈴木社長さえ、出社時には、「殿のおなり」のように部下達を出迎えさせ、超然としている身分制度も含んでいるのです。そこからも、封建時代の武力と暴力による民の屈服で、領主による私物化の強行がおこなわれ、それが資本主義に変化する過程で、その暴力による支配による実績である私物化をそのまま内包し、仲間内で取り合うという中で、壮大な私物化と資本主義化が成立した〟と言う一九世紀の議論は、今こそ、本格的に再開されるべきでしょう。

6 持続的社会の土台となる住民自治による経済運営

地域の経済活動を、政府は非効率だと批判し、大手に収斂して効率化を図れ、と鬼の首でも取るような調子で言います。

しかし残念ながら、それは、ほとんどの場合見当違いも甚だしいのです。

敢(あえ)て分業をし、相手の分野をかく乱することなく、相互の経済活動を成り立たせ、共生社会を持続させる。共同体の歴史は、多くの封建的問題を含んでいますが、共生のための共同のあり方について、今日でも、多くの教訓を私達に与えています。

地域経済は、国際競争力を勝ち抜くために存在しているのではありません。

地域住民の食や職をはじめとした、暮らしの支えとして存在しているのです。

今、〝彼等〟が私達の地域に押し付けようとしているのが、まさにそういう地域経済の「植民地化」です。そこに私達の命をつなぐ暮らしの場はありません。

私は、ある大学の先生から声を掛けられて共同体史を研究する先生方の発表会を見学したことがあります。

そこで知って驚いたのは、分業による商品質の向上です。ある商品を分業して生産することで、部分や分野の技術が卓越して来ると他の分業で作られている部分との間で齟齬が生まれる。それを分業に携わる両者が調整のための検討をすることで、商品の質の向上が、工業製品などの場合の品質向上よりも、極めて多頻度に、向上レベルも高く行なわれるという研究例でした。

適切な分業は、共生を作り、品質の向上も生み出す。しかし、資本家に濡れ手で泡の「効率的収益」追求では、共生も品質向上も生まれないのです。私たちは、地域経済の分業や共同について改めて共に考え合う必要があります。

「発展途上国」の人々は、多国籍農業資本から、ある特定の品種の作物だけを大量に資本主義的効率生産を強いられています。いわゆる「モノカルチャー」です。生産されたほぼ全ては、先進国に輸出されるため、「途上国」は、大規模な食糧生産国ではあるものの、飢餓に苦しめられ、死者を数多く生んでいます。今、私達が守るべきは、私たち自身のための地域農林水産業を土台とした地域経済です。

〝彼等〟は「悪法」づくりには「成功」したと思っているでしょうが、おいそれと、それを実行してはならないことも、過去の支配者から引き継いで、計算しています。それは、何から、どこから実行することが、「被抑圧者」を分断し、団結して抵抗する、などという事態を防ぎ、事をウマく運べるかを計算しているからです。私たちは〝彼等〟の動向を注視する輪を大きく広げる必要があります。何度も繰り返しますが、人が生きるための、この大自然の富を生み出す力を、ホンの一握りの人間が独占して当然のような、非論理的で、非人間的な社会の仕組みを、このまま次世代に引き継いではなりません。

本年から、今から、私達の取り組みが前進することなしには人類の持続的社会の危機を一層招き、取り返しのつかない事態を迎えることになります。

みんなで、住民自治に取り組みを開始しましょう。

どこから、どうしたら良いかは、ネットなどで検索してみましょう。地域の貧困者救済の運動を自治体の対策に結び付けるなどの取り組み、その他が紹介されています。

最後に、私にこの稚拙な寄稿のチャンスを下さり、地域経済問題に社会の持続性の問題を取り入れて考えることの重要性を本格的に提起して頂いた、本書著者の熊本一規先生に、改めて感謝申し上げる次第です。

あとがき

一九七六年に志布志湾開発反対の住民運動に関わり始めて以来、半世紀が経とうとしています。

この間、埋立・ダム・原発問題において「権利に基づく闘い」は、二十余りの事業において成果を挙げることができました。その手法が他の分野でも活かせることが分かってきたことが、本書執筆の動機です。

本書で紹介した事例には、「権利に基づく闘い」が実を結んだものもあれば、実を結ばなかったものや現在進行形のものもありますが、いずれも全国の住民・漁民の運動に活かしてもらいたい普遍性を持っているとの判断から紹介した次第です。ちなみに、本書で紹介し得なかった事例については、筆者のホームページ（http://kumamoto84.net）を参照してください。

＊

「権利に基づく闘い」では、権利者が自分の持つ権利を自覚し、それについて学習することを基本とします。そのため、権利者自身の努力も必要になるし、私にも、通常の研究者の関わり以上の努力が要求されることになります。労は多いけれども、それ以上にやりがいも深い喜びも感じることができる途だと思います。半世紀近くも続けてこられた所以です。

本書をまとめるにあたって、「権利に基づく闘い」を実現するうえでお世話になった方々のお名前をすべて記すことはとてもできませんが、特にお世話になった方々のお名前を記して、謝意を表します。

「Ⅰ部1章 上関原発と漁業権」に関しては、「祝島島民の会」の清水敏保・橋本久男・氏本拓、「原発いらん!山口ネットワーク」の小中進・三浦翠・武重登美子、県議の中嶋光雄の各氏。

「Ⅱ部1章 伊万里射撃場の鉛汚染」に関しては、下平美代子（故人）・斎藤カズエ・重松恵子・大鋸あゆり・力武舜一郎（故人）・浦川晟の各氏。

「Ⅱ部2章 米子市産廃処分場と水利権」に関しては、大谷輝子氏。

「Ⅱ部3章 福島中間貯蔵施設計画と地権者」に関しては、門馬好春氏。

「Ⅲ部1章 都市計画道路事業と沿道住民の権利」に関しては、「一三二号線拡張に反対する沿道住民の会」世話役の中野千枝・加川照子・原口良子・三田真弓・渡辺恵美子の各氏、及び「女子大通りを考える会」の島正紀・落合朋子の各氏。

「Ⅲ部2章 築地市場の廃止と営業権」に関しては、築地市場営業権組合の小松和史・猿渡誠・杉原稔・堀江周司の各氏。

以上の六事例のうち、「権利に基づく闘い」が唯一結実しなかった築地市場問題では、Ⅲ2に記したような東京都の違法行為及び暴政の下、営業権組合のメンバーも筆者も大変な苦労を重ねることとなりましたが、上記の方々が、現在、「正しいことを貫いた」、「筋を通した」と胸を張っておられるのは、共感を覚えるとともに大変嬉しいことです。

また、築地市場問題に関して、水谷和子氏及び菅原邦昭氏から特別寄稿をお寄せいただき。築地市場問題で共に汗を流したお二人と新著を出版できるのも、筆者にとって有難く、また大変嬉しいことです。

＊

出版は、志布志湾住民運動についてまとめた『埋立問題の焦点』以来の畏友、高須次郎氏の緑風出版にお世話になりました。

厳しい出版事情のなか、出版を快くお引き受けいただいた高須次郎代表、編集を担当していただいた高須ますみ氏、装丁を担当していただいた斎藤あかね氏に心よりお礼申し上げます。

二〇二二年五月

熊本　一規

【な行】

【は行】

【さ行】

【た行】

索　引

[著者略歴]

熊本 一規 (くまもと かずき)

1949年 佐賀県小城町に生まれる。1973年 東京大学工学部都市工学科卒業。1980年 東京大学工系大学院博士課程修了(工学博士)。1987年より明治学院大学に就任し、現在明治学院大学名誉教授。ごみ・リサイクル問題で市民サイドからの政策批判を行なうとともに、埋立・ダム・原発・都市政策で漁民・住民のサポートを続けている。

著書『日本の循環型社会づくりはどこが間違っているのか?』(合同出版、2009年)、『海はだれのものか』(日本評論社,2010年)、『脱原発の経済学』(緑風出版,2011年、『よみがえれ!清流球磨川』(共著、緑風出版、2011年)『電力改革の争点』(緑風出版、2017年)、『漁業権とはなにか』(日本評論社、2018年)など多数。

水谷和子 (みずのや かずこ)

1952年生まれ。一級建築士 豊洲土壌コアサンプル廃棄差止め訴訟、汚染地購入公金返還請求住民訴訟原告。2008年より築地市場移転問題に関わる。

著書『築地移転の闇をひらく』(大月書店)、『築地移転の謎』(花伝社)(各共著)「豊洲市場・汚染対策の顛末」(『環境と公害』48-2所収、岩波書店) 等。

菅原邦昭 (すがわら くにあき)

1952年生まれ。仙台市水産物卸協同組合勤務
現在、同協同組合事務局長、同協同組合参事
東北地区水産物卸組合連合会事務局長

権利に基づく闘い

2022年7月5日　初版第1刷発行　　定価2700円＋税

編著者　熊本一規 ©
発行者　高須次郎
発行所　緑風出版
〒113-0033　東京都文京区本郷2-17-5　ツイン壱岐坂
［電話］03-3812-9420　［FAX］03-3812-7262［郵便振替］00100-9-30776
［E-mail］info@ryokufu.com［URL］http://www.ryokufu.com/

装　幀　斎藤あかね
制　作　R 企 画　　印　刷　中央精版印刷・巣鴨美術印刷
製　本　中央精版印刷　　用　紙　中央精版印刷　　E1200

Printed in Japan　　ISBN978-4-8461-2211-9　C0036

◎緑風出版の本

■全国どの書店でもご購入いただけます。
■店頭にない場合は、なるべく書店を通じてご注文ください。
■表示価格には消費税が加算されます。

脱原発の経済学

熊本一規著

四六判上製
二三二頁
2200円

脱原発すべきか否か。今や人びとにとって差し迫った問題である。原発の電気がいかに高く、いかに電力が余っているか、いかに地域社会を破壊してきたかを明らかにし、脱原発が必要かつ可能であることを経済学的観点から提言。

がれき処理・除染はこれでよいのか

熊本一規・辻芳徳著

四六判並製
二〇〇頁
1900円

ＩＡＥＡの基準に照らしても八〇倍も甘く基準緩和し、放射性廃棄物として厳格に保管、隔離すべきものを全国にばらまく広域処理は、論外だ。そして、除染作業も放射能は減少することなく、利権に利用されている。問題点を検証。

電力改革と脱原発

熊本一規著

四六判上製
二〇〇頁
2200円

政府は原発を「重要なベースロード電源」と位置づけるが、要件を満たせない失格電源である。政府のまやかしの論理を理論的・実証的に論破し、脱原発・脱汚染こそが未来のエネルギー・環境政策の基本であることを立証する。

脱原発の市民戦略

真実へのアプローチと身を守る法

上岡直見、岡將男著

四六判上製
二七六頁
2400円

脱原発実現には、原発の危険性を訴えると同時に、原発は電力政策やエネルギー政策の面からも不要という数量的な根拠と、経済的にもむだということを明らかにすることが大切。具体的かつ説得力のある市民戦略を提案。